吉林省教育科学"十四五"规划课题"数据治理视域下地方高校教师自主发展研究"项目编号GH22047

通化师范学院高等教育教学研究项目"多元主体协同共促思政课实践教学评价体系构建与运行机制研究"JY2022027

通化师范学院校地协同教研课题"地方优质德育资源开发与教学实践研究"项目编号DXT202001

伯恩施坦修正主义研究

——基于马克思主义辩证法的考察

马淑琴 ◎ 著

吉林大学出版社

·长春·

图书在版编目（CIP）数据

伯恩施坦修正主义研究：基于马克思主义辩证法的考察 / 马淑琴著. -- 长春：吉林大学出版社, 2023.9
ISBN 978-7-5768-2457-5

Ⅰ.①伯… Ⅱ.①马… Ⅲ.①伯恩斯坦主义 - 研究 Ⅳ.①D143

中国国家版本馆CIP数据核字(2023)第213079号

书　　　名：	伯恩施坦修正主义研究：基于马克思主义辩证法的考察
作　　　者：	马淑琴
策划编辑：	殷丽爽
责任编辑：	殷丽爽
责任校对：	李适存
装帧设计：	雅硕图文
出版发行：	吉林大学出版社
社　　　址：	长春市人民大街4059号
邮政编码：	130021
发行电话：	0431-89580028/29/21
网　　　址：	http://www.jlup.com.cn
电子邮箱：	jldxcbs@sina.com
印　　　刷：	长春市中海彩印厂
开　　　本：	787mm×1092mm　　1/16
印　　　张：	9.5
字　　　数：	150千字
版　　　次：	2023年9月　第1版
印　　　次：	2024年1月　第1次
书　　　号：	ISBN 978-7-5768-2457-5
定　　　价：	72.00元

版权所有　翻印必究

目　录

导　言 ··· 1
　一、研究目的和意义 ··· 1
　二、国内外研究现状 ··· 2
　三、写作思路 ·· 8

第一章　伯恩施坦修正主义的问题缘起 ························· 11
　一、伯恩施坦修正主义产生的历史背景 ······················ 11
　二、伯恩施坦修正主义产生的思想根源 ······················ 16
　三、关于伯恩施坦修正主义的各种争论及其自我辩护 ··· 22

第二章　伯恩施坦修正主义的理论实质 ························· 49
　一、伯恩施坦修正主义用实证性取代辩证性 ················ 49
　二、伯恩施坦修正主义用局部性割裂整体性 ················ 67
　三、伯恩施坦修正主义用改良性抹杀革命性 ················ 83

第三章　对伯恩施坦修正主义的批判与超越 ··················· 105
　一、卢卡奇的总体性辩证法 ······································ 105
　二、列宁的革命辩证法 ·· 118
　三、坚持和发展马克思主义辩证法 ····························· 131

参考文献 ··· 137

致　谢 ·· 146

导　言

一、研究目的和意义

第二国际是马克思主义发展史上承前启后的"关键一环"[①]，伯恩施坦修正主义对马克思主义在这一时期的发展产生了巨大影响。伯恩施坦被称为修正主义的"鼻祖"，他的修正主义理论导致了正统马克思主义和修正主义两大阵营的对立。伯恩施坦以考察资本主义新变化为由，对马克思主义基本原理进行质疑甚至否定，在欧洲各国社会民主党内引发极大混乱。伯恩施坦认为时代变化了，党的"精神武器"也应该随之变化，于是他提出了"积极的改良建议"。伯恩施坦修正主义割裂马克思主义的科学性和革命性的统一，否定其内在的逻辑性和历史性，无法实现对理论体系的整体性把握。伯恩施坦修正主义的产生并不是偶然的，它是对社会主义运动中的改良主义倾向的理论反映。因而，伯恩施坦修正主义是时代的产物，"如果没有伯恩施坦，也有必要造出一个这样的人"[②]。

本书基于马克思主义辩证法的立场，考察伯恩施坦修正主义产生的历史背景，挖掘其产生的思想根源，全面阐释了围绕伯恩施坦修正主义理论引起的争论及伯恩施坦的自我辩护，彻底认清伯恩施坦修正主义的理论实质，从而对伯恩施坦修正主义进行批判与超越。对于伯恩施坦修正主义理论的局限性的克服，有助于我们正确理解马克思主义辩证法，有助于我们坚持和发

[①] 应当重视和加强对第二国际的研究——姚顺良教授访谈［J］. 国外理论动态，2008（6）：1-6.

[②] ［美］彼得·盖伊. 民主社会主义的两难处境，1979年纽约英文版第110页，转引自殷叙彝. 民主社会主义论［M］. 北京：中央编译出版社，2006：232-233.

展马克思主义辩证法。伯恩施坦缺乏对马克思主义理论的彻底性把握,质疑马克思主义辩证法的科学性。伯恩施坦受到实证主义的影响,导致其在认识过程中必然陷入视野的局限性、理论分析的狭隘性,用局部性割裂整体性,片面地、孤立地分析眼前的、暂时的变化,对马克思唯物主义历史观产生误判;伯恩施坦对马克思主义断章取义,以当时条件下资本主义的政策调整为依据,质疑甚至反对马克思主义的阶级斗争学说,提倡用改良性抹杀革命性,导致其对马克思主义的严重歪曲。所以,基于马克思主义辩证法考察伯恩施坦修正主义的研究,既有助于我们认清伯恩施坦修正主义,又有利于深化我们对马克思主义的认识,更好地指导新时代中国特色社会主义现代化建设,彰显马克思主义的鲜活生命力。

二、国内外研究现状

伯恩施坦修正主义是马克思主义发展史中的重要环节。伯恩施坦既在德国社会民主党中占据过重要角色,又在马克思主义传播中发挥过重要作用,他的修正主义理论导致欧洲各国社会民主党对马克思主义理论认识的极大混乱。因而,伯恩施坦修正主义是马克思主义研究中不可回避的重要问题,长期以来备受国内外学术界关注。国内外针对伯恩施坦及其修正主义思想的研究具有多方面的展开路径,既有从历史学方面,也有从社会学、政治学等方面进行的研究;既有对伯恩施坦本人学术生涯及其思想的专门研究,也有将伯恩施坦修正主义置于马克思主义发展史中来进行的分析。

(一)国外关于伯恩施坦修正主义的研究

第一,对于修正主义的产生及其进一步发展的研究。M. N. 苏伏洛娃分析了当前修正主义与过去修正主义观点的联系,揭露阶级敌人的谎言,以及机会主义和修正主义对社会主义的攻击。[1]戴维·麦克莱伦(David Mclellan)在与修正主义的论战中,考察了修正主义在德国以外的传播以及修正主义的起源,并从经济学、社会学、政治学、以及哲学和历史唯物主义

---

[1] 杨金海. 马克思主义研究资料:第21卷[M]. 北京:中央编译出版社,2014:241-263.

等方面对修正主义进行了概述。①埃雷卡·雷克利（Grica Rekley）认为，修正主义不过是马克思的几个学生对社会主义理论的"革新"，目的在于提高它的适应性。他探讨了伯恩施坦修正主义这一最系统的修正主义学说，赞同他对马克思主义的观点。②克里斯蒂安·格诺伊斯（Christian Gneuss）指出，人们一般理解的修正主义，不仅是少数知识分子的异端思想的表达，更是一种不可避免的两难处境的体现。③

第二，从伯恩施坦与恩格斯的关系切入，分析伯恩施坦修正主义形成的根源。达·梁赞诺夫批评了伯恩施坦对恩格斯的歪曲，由于对《1848年至1850年的法兰西阶级斗争》导言缺乏整体性认识，脱离语境，伯恩施坦就仅仅凭借部分内容或段落来做出片面的判断。在伯恩施坦看来，恩格斯从一个革命者变成了一个为了实现和平而不顾一切膜拜法律的人。④E. II. 康捷尔针对伯恩施坦利用庸俗化的改良主义歪曲马克思主义的历史发展的问题，强调回到真正的马克思那里去的必要性。⑤曼弗雷德·斯德戈（Manfred Stego）指出，有观点认为伯恩施坦在恩格斯的影响下，逐步转向"政治实用主义"，并认同恩格斯向"费边式进化论"的趋近，但是，伯恩施坦的根本问题在于没有发现恩格斯的革命核心问题。伯恩施坦只关注了策略性方针，认为恩格斯更多坚持渐进主义的"短期"策略，与具体社会变革的根本革命理论有根本区别。此外，伯恩施坦还对资本主义进行了实际评估，成为第一个预见在革命的理论与改良主义实践之间长期存在有害分歧的马克思主义理论家。⑥

---

① [英]戴维·麦克莱伦.马克思以后的马克思主义：第3版[M].李智 译.北京：中国人民大学出版社，2008：18-39.

② [瑞士]埃雷卡·雷克利.修正主义：对德国马克思主义理论的一次修正尝试（1890-1914），转引自殷叙彝.民主社会主义论[M].北京：中央编译出版社，2006：231.

③ 克里斯蒂安·格诺伊斯.争取理论和实践的统一：爱德华·伯恩施坦的修正主义，转引自殷叙彝.民主社会主义论[M].北京：中央编译出版社，2006：233.

④ 杨金梅.马克思主义研究资料：第20卷[M].北京：中央编译出版社，2014：106-112.

⑤ [苏]E. II. 康捷尔.批判资产阶级和修正主义关于恩格斯的理论活动和革命实践活动的观点，转引自杨金海.马克思主义研究资料：第20卷[M].北京：中央编译出版社，2014：379-408.

⑥ [澳]曼弗雷德·斯德戈.恩格斯与德国修正主义的起源：另一种视角，转引自杨金海.马克思主义研究资料：第20卷[M].北京：中央编译出版社，2014：409-424.

第三,从"贫困化理论"、民主问题、无产阶级革命问题、党的组织和原则问题等方面展开的研究。卡尔·屈内(Carl Quinet)认为,修正主义从"贫困化理论"出发对马克思加以歪曲。而实际上,马克思提及的是"赤贫化",从来没有谈过"贫困化",两者具有完全不同的内涵。马克思对于工人状况的恶化的强调,更多的是指人的内在的、精神上的贫穷,这里存在着翻译上的错误。伯恩施坦修正主义即便不是"贫困化理论"的唯一来源,也对其产生有着较大的影响。对马克思的"赤贫化"理论的这一错误理解被"庸俗批判者"接受,甚至影响到了专业经济学家的思想。①

第四,从伯恩施坦的个人学术生涯及其思想演变切入,对伯恩施坦修正主义进行研究。彼得·盖伊(Peter Gay)对伯恩施坦的学术生涯进行了系统考察,专门为伯恩施坦撰写了一部思想传记,记载了他在柏林、苏黎世和伦敦的经历,他的修正主义思想产生的理论和政治背景,以及他对马克思主义的全面修正。②唐纳德·萨松(Donald Sassoon)从历史学的角度探究人类行为所遭遇到的结构性制约,在对"庸俗的"马克思主义进行论述时,介绍了伯恩施坦对马克思主义的攻击。他认为,伯恩施坦提出修正主义思想与他旅居英国时受到英国费边主义的影响密切相关。同时,他也分析了伯恩施坦及其思想所遭受的来自各国社会民主党的猛烈抨击。③曼弗雷德B. 斯蒂格(Manfred B. Steger)介绍了英国学界对伯恩施坦生平和政治思想的研究进展,关注和介绍了伯恩施坦晚年在社会主义思想上的发展情况。④

---

① [德]卡尔·屈内. 马克思提出过"无产阶级贫困"理论吗?——对有关这一问题争论的历史考察, 转引自杨金梅. 马克思主义研究资料:第20卷[M]. 北京:中央编译出版社, 2014: 216-231.

② [美]彼得·盖伊. 民主社会主义的两难处境, 1979年纽约英文版第302页, 转引自殷叙彝. 民主社会主义论[M]. 北京:中央编译出版社, 2006: 232-233.

③ [英]唐纳德·萨松. 欧洲社会主义百年史(上):二十世纪的西欧左翼[M]. 姜辉 译. 社会科学文献出版社, 2013: 56-59.

④ Manfred B. Steger. The Quest for Evolutionary Socialism:Eduard Bernstein and Social Democracy [M].Cambridge:Cambridge University Press, 1997: 230-252.

(二)国内关于伯恩施坦修正主义的研究

第一,从伯恩施坦修正主义产生的根源、形成的历史背景及其特征等方面进行的研究。孙继红指出,伯恩施坦没有理解马克思主义的实质。在资本主义发展新形势下,伯恩施坦以探索理论为目的,实质上造成的是对马克思主义基本原理的全面修正。[①]王玉灵分析了伯恩施坦对社会主义的理解,认为这种理解既不是马克思主义式的,也不是新康德主义式的,而是企图采取折中的方式,将伦理社会主义融入社会民主党的社会主义理论之中。[②]彭树智分析了伯恩施坦修正主义产生的社会历史根源,论述了他一生政治思想的演变过程。[③]朱旭红分析了伯恩施坦从一名革命的社会民主主义者到修正主义者的转变过程,考察了他对资本主义和社会主义进行的重新思考以及引起的广泛争议,揭示了伯恩施坦修正主义所具有的社会改良主义、实用主义、伦理主义和自由主义等特征。[④]沈丹按照时间顺序对伯恩施坦修正主义思想的发展进行了梳理,着重探讨了它与19世纪80年代至"一战"期间欧洲资本主义发展的关系,及其对"二战"后西欧社会民主党发展的影响。[⑤]徐觉哉指出,伯恩施坦是在预计资本主义制度"有比过去所假定的更长的寿命和更强的弹性"的条件下,提出修正马克思主义的修正主义理论。[⑥]贺敬垒认为,伯恩施坦面临西欧资本主义社会新的发展情况,发现马克思、恩格斯的某些理论判断跟这些新情况不符合,就对马克思主义进行全盘否定,这是一种极其片面的理论态度。[⑦]

第二,从伯恩施坦的学术生涯,以及他的修正主义思想形成过程方面所进行的系统研究。殷叙彝围绕社会民主主义理论与历史,伯恩施坦及其修正

[①] 孙继红.马克思主义发展史上的论争[M].北京:知识产权出版社,2011:29-89.
[②] 王玉灵.民主社会主义民主逻辑悖论[M].北京:中国社会科学出版社,2018:38-40.
[③] 彭树智.修正主义的鼻祖——伯恩施坦[M].西安:陕西人民出版社,1982:1-14.
[④] 朱旭红.论社会民主主义的历史演进[M].北京:社会科学文献出版社,2014:42-80.
[⑤] 沈丹.伯恩施坦修正主义思想研究[M].北京:中央编译出版社,2014:209-279.
[⑥] 徐觉哉.对伯恩施坦主义的重新解读[J].社会科学,2008(10):4-14;188.
[⑦] 贺敬垒.伯恩施坦改良主义理论路径批判[J].马克思主义理论学科研究,2016,2(1):80-93.

主义思想，针对第二国际的研究论文和传记等方面编写了论文集，论述了伯恩施坦修正马克思主义的最早尝试、伯恩施坦研究中的几个问题以及西方的伯恩施坦研究述评。[1]刘雅琪、钟明华依据学术史脉络，对我国学界关于伯恩施坦修正主义思想所做的研究进行了整理，在整体上概括出了五个研究时期。[2]贾淑品从伯恩施坦个人的思想变迁，伯恩施坦主义的产生、形成、思想渊源、内容、特征、实质以及影响等多方面进行了概述，重点对列宁、卢森堡、考茨基等关于伯恩施坦修正主义的批判进行了系统的比较研究。[3]

第三，从伯恩施坦修正主义的具体内容出发展开的研究。曾瑞明在对第二国际马克思主义思想史整体梳理的过程中，对伯恩施坦修正主义体系进行了全面考察，指出伯恩施坦对于社会现实问题的研究和解决在立场、方法，以及方向上都存在根本错误。[4]张晓兰指出，面临资本主义发展新形势与马克思主义理论之间出现的差异，第二国际内部出现了对革命与民主、经济与政治、科学与价值等问题的思考和争论，这不是偶发现象，而是面临时代岔路口时社会主义运动的一种必然的思想选择和理论倾向。由此，他认为对于伯恩施坦，我们不能简单粗暴地全盘否定，而必须基于当下的时代背景下重新审视之。[5]张世鹏指出，伯恩施坦对于经济危机和"崩溃论"所进行的否定判断，被实践证明是错误的。"两次世界大战，30年代大危机、大萧条，足以驳斥伯恩施坦关于再也不会有大危机、大灾变的盲目乐观论调。"[6]沈丹认为，伯恩施坦关于"和平长入社会主义"思想是最具代表性的修正主义观点，他关于殖民主义的认识也是与马克思的观点根本不同的。此外，她还

---

[1] 殷叙彝.民主社会主义论[M].北京：中央编译出版社，2006：161-308.

[2] 刘雅琪，钟明华·爱德华.伯恩施坦研究70年学术史梳理与述评[J].科学社会主义，2019（6）：144.

[3] 贾淑品.列宁、卢森堡、考茨基与伯恩施坦主义[M].北京：人民出版社，2013：1-9.

[4] 曾瑞明.伯恩施坦修正主义研究[M].北京：学习出版社，2016：1-11.

[5] 张晓兰."政治首要性"与脱离生产的阶级分析——对伯恩施坦问题的当代批判[J].辽宁师范大学学报（社会科学版），2019，42（2）：18-22.

[6] 张世鹏.关于伯恩施坦修正主义研究的几个问题[J].当代世界社会主义问题，2010（3）：3-29.

分析了伯恩施坦关于最终目的和运动的观点,强调他主张采用改良的手段过渡到社会主义是对马克思主义的根本背离。[①]徐觉哉认为,把恩格斯的议会斗争策略看作对马克思主义革命理论的修正,是伯恩施坦主义的出发点。对于社会主义运动的最终目的无论是理解成夺取政权,还是否认社会主义运动有任何确定目的,这都与恩格斯的原意存在差距。[②]高雅则认为,伯恩施坦关于社会主义运动最终目的和运动本身的观点是合理的,这与恩格斯在"社会主义最终目的"以及合法斗争的主体问题上的看法是基本一致的,两者只是在对于合法斗争在整个社会发展过程中的地位和作用的理解上产生了分歧。[③]

第四,从对伯恩施坦及其修正主义思想的评价方面展开的具体研究。张茂林认为,要改变过去长期以来"以批判研究为主的研究模式",而代之以"辩证看待并敢于认可伯恩施坦主义的合理之处。"伯恩施坦修正主义遵循理论发展逻辑,这一点是值得肯定的。[④]肖枫认为,我们应该辩证地、实事求是地考察伯恩施坦的具体主张,不能对之不加批判地采取否定的批判态度。[⑤]舒新介绍了伯恩施坦修正主义的产生及引起的争论,并指出修正主义在理论上遭到了失败,同时在实践中却被实施,并逐步成为欧美社会主义运动的主流指导思想和意识形态。[⑥]陈学明、朱南松指出,在发展马克思主义理论的过程中,必须明确马克思主义在总体上是不是已经被时代所超越,必须对马克思主义的基本内容有一个正确的把握,必须有一个正确的评判标准,决不能像伯恩施坦那样把对马克思主义的教条主义的憎恨,变成对马克

[①] 沈丹.伯恩施坦修正主义思想研究[M].北京:中央编译出版社,2014:63-89.
[②] 徐觉哉.对伯恩施坦主义的重新解读[J].社会科学,2008(10):4-14;188.
[③] 高雅.对伯恩施坦修正主义的重新解读[J].学理论,2015(15):31-32.
[④] 张茂林.批判与借鉴:伯恩施坦主义历史意义之辨[J].兰州大学学报(社会科学版),2016,44(3):137-142.
[⑤] 肖枫.谢韬先生《民主社会主义模式与中国前途》之我见[J].科学社会主义,2007(2):25-32.
[⑥] 舒新.承袭与僭越:中国共产党对社会民主党及民主社会主义的认知历程[M].北京:中国社会科学出版社,2013:17-29.

思主义本身的憎恨。[①]

综上所述，国内外学术界对伯恩施坦及其思想展开了多方面的研究，从历史语境、个人学术生涯、国际共产主义运动史、欧洲社会民主主义发展史等方面论述了伯恩施坦修正主义的形成和发展过程。此外，还针对伯恩施坦修正主义的具体观点，以及围绕伯恩施坦与马克思、恩格斯和列宁的关系进行了研究。但这些关于伯恩施坦修正主义的研究主要体现为局部性论述，在整体性、系统性和历史性上的研究还存在开拓空间。此外，从马克思主义的辩证法出发来探究伯恩施坦修正主义如何背离马克思主义辩证法的思考和研究还不充分，而这恰恰是伯恩施坦修正主义产生重要影响的核心问题所在。因此，本书尝试在前人研究的基础上，围绕马克思主义辩证法这一根本立足点，全面分析伯恩施坦修正主义背离马克思主义辩证法的种种表现，具体阐述伯恩施坦修正主义的思想根源，从而深刻揭露伯恩施坦修正主义的理论实质，最终探讨对伯恩施坦修正主义的批判与超越。

三、写作思路

本书基于马克思主义辩证法来考察围绕伯恩施坦修正主义产生的各种争论及其自我辩护，并通过对伯恩施坦修正主义的理论实质的剖析，最终结合卢卡奇的总体性辩证法和列宁的革命辩证法来批判、超越伯恩施坦修正主义。具体内容分三章展开。

第一章从伯恩施坦修正主义的问题缘起入手，考察伯恩施坦修正主义产生的历史背景，挖掘了其产生的思想根源，全面阐释围绕伯恩施坦修正主义产生的各种争论及其自我辩护。19世纪后半叶资本主义社会的发展为伯恩施坦修正主义的创立提供了经济社会条件；社会结构发生的改变，工人运动的变化为伯恩施坦修正主义创立提出了某种意义上的客观需求；思想理论的多元化为伯恩施坦修正主义的创立提供了思想来源；伯恩施坦的个人经历和知

---

① 陈学明，朱南松. 评伯恩施坦修正主义路线的形成及其教训——对伯恩施坦在恩格斯逝世后发表在《新时代》上的几篇文章的探讨[J]. 马克思主义与现实，2007（15）：23-33.

识结构为伯恩施坦修正主义的创立提供了主观条件。伯恩施坦修正主义产生的思想根源就在于：把马克思主义歪曲为空想主义；混淆马克思主义和布朗基主义的关系；用新康德主义取代辩证唯物主义；把历史唯物主义贬低为庸俗唯物主义。在具体观点上，伯恩施坦否定了社会主义运动的"最终目的"的重要性，主张"运动就是一切"，反对马克思、恩格斯的"崩溃论"，主张"和平长入社会主义"。在欧洲各国社会民主党内，人们围绕着伯恩施坦修正主义的这些主张展开了激烈的争论，伯恩施坦也对此进行了自我辩护。我们只有基于马克思主义辩证法的立场，才能真正认清伯恩施坦修正主义的理论实质。

第二章揭示伯恩施坦修正主义的理论实质在于：依托实证主义、机会主义、新康德主义，用实证性取代辩证性，用局部性割裂整体性，用改良性抹杀革命性。伯恩施坦批判马克思陷入黑格尔辩证法陷阱，认为马克思对现实运动的辩证考察是对事物进行真正科学观察的障碍。伯恩施坦主张对事实采取直观的态度，将自然科学的方法移植到对社会生活、政治制度、法权关系和社会观念的研究当中，用实证性取代辩证性。伯恩施坦从新康德主义出发，将纯粹理论和应用理论进行划界，割裂了理论与实践的辩证统一性，使理论与实践相互脱节，导致了唯物主义历史观的庸俗化。伯恩施坦反对阶级斗争，将社会主义的实现寄托于资本主义的改良政策，强调对立面斗争外的相似力量的合作在发展中的巨大作用。伯恩施坦认为马克思的革命斗争学说已经过时，主张通过议会民主实现社会改良，最终导致用改良性抹杀革命性。

第三章在对伯恩施坦修正主义理论实质分析的基础上，结合卢卡奇的总体性辩证法和列宁的革命辩证法，进一步探讨了对伯恩施坦修正主义的批判与超越。卢卡奇揭露了伯恩施坦修正主义的实证性，认为正统的马克思主义就是一种总体性辩证法。基于这种总体性辩证法，卢卡奇认为无产阶级既是历史过程中的主体，又是历史过程中的客体，只有通过无产阶级意识的觉醒，才能实现这种总体性的辩证法，扬弃物化的社会关系，实现共产主义。列宁批判了伯恩施坦修正主义的改良性，继承和发展了马克思主义辩证法，通过社会主义革命的成功证明了阶级斗争的必要性和科学社会主义的合理性。伯恩施坦修正主义在批判马克思主义辩证法的同时，导致理论与实践相互脱节。与此相反，中国共产党领导全国各族人民在社会主义革命、建设和改革进程中，坚持理论与实践的辩证统一，坚持和发展马克思主义辩证法，走出了一条中国特色社会主义发展道路。

第一章 伯恩施坦修正主义的问题缘起

伯恩施坦依据当时资本主义社会发展的新阶段特征,对马克思主义基本理论进行了全面修正,被称为"修正主义鼻祖"。伯恩施坦极力倡导和宣扬的修正主义观点主要包括:"社会主义的最终目的是微不足道的,运动就是一切",反对"崩溃论"以及"和平长入社会主义"。这些观点在第二国际引起了激烈争论,造成了包括德国社会民主党在内的各国马克思主义者对马克思主义认识的极大混乱。为了彻底认清伯恩施坦修正主义的理论实质,为了坚持和发展马克思主义辩证法,必须在对其相关背景和争论的考察的基础上,探究伯恩施坦修正主义的思想根源。

一、伯恩施坦修正主义产生的历史背景

修正主义是马克思主义发展史研究中不可回避的一个问题,厘清这一理论产生的社会历史条件及其形成发展过程,具有重要的理论价值和现实意义。这里首先回溯了伯恩施坦修正主义产生的社会历史条件,对其形成和发展过程进行深入探讨。19世纪后半叶欧洲资本主义社会的发展,当时各种社会思潮的流行,以及伯恩施坦自己的成长经历,都对其修正主义思想的产生发挥了重要作用。

(一)伯恩施坦修正主义产生的社会历史条件

任何理论都有其产生的社会历史条件,修正主义亦是如此。19世纪后期,资本主义社会进入新的发展阶段,呈现一些新变化、新特征。资产阶级为了缓和阶级矛盾以促进生产力发展,不断调整统治政策。这些社会、经济、政治方面的变化就是伯恩施坦修正主义产生的土壤。通过回溯历史,立

足资本主义社会发展实际，围绕各国社会矛盾的激化和工人阶级的觉醒，具体阐述修正主义产生的社会历史条件。

首先，资本主义社会的发展为伯恩施坦修正主义的创立提供了经济社会条件。资本主义在从自由竞争向帝国主义垄断的过渡中，表现出了一些新特征。资本主义生产更加社会化，所有权和管理权分离，中产阶级扩大，资本主义的自我调节能力和适应能力不断增强。开始于英国，进而扩大到比利时、法国和德国等国的产业革命引起欧洲社会各领域的深刻变化。生产技术的革命使大规模生产变成可能，这种大规模生产释放了巨大的生产力，带动了就业，扩大了社会财富，在一定程度上缓和了欧洲资本主义社会的阶级矛盾。基于此，伯恩施坦认为，马克思主义的基本理论已经不能适应资本主义发展的新变化，必须对之进行修正。

其次，社会结构发生的改变和工人运动的变化为伯恩施坦修正主义的创立提出了某种意义上的客观需求。在伯恩施坦看来，资本主义的发展没有使无产阶级和资产阶级的对立进一步恶化从而导致社会崩溃。相反，在贸易、工业、商业和官僚体制中出现的是阶级结构的进一步分化，中产阶级的地位开始上升。资本主义的发展既给资本家创造了财富，也为工人提供了利益。德国经济状况有所好转，工人的工资也不断提高。工人阶级的经济、社会权利不断得到满足。这种现象与马克思关于资本主义的发展所做的理论预测存在差异，伯恩施坦认为马克思没有考虑到经济发展所带来的这种社会经济结构的变化。在伯恩施坦看来，革命产生的经济基础已经消失，因为工人阶级政治权利的扩大和工会运动的发展推进了生产资料的社会化，卡特尔的发展也使得德国经济权力的社会化比较容易实现。正是这种情况为伯恩施坦修正主义提出走民主道路来实现社会主义的观点提供了依据。

再次，思想理论的多元化为伯恩施坦修正主义的创立提供了思想来源。这些多元思想包括欧洲哲学和基督教教义中的人道主义和伦理传统，法国大革命以来的自由、平等、公正、人权等价值观念。此外，实用主义倾向的突出，使社会主义运动的政治目标、经济目标和社会目标更加多样化。现代宗教的广泛影响渗透到欧洲国家的政治法律制度、文化艺术、道德习俗和教育等各个领域。它的平等、博爱、慈善等原则与资本主义的社会现实充满矛盾，为了缓和这种矛盾，资产阶级统治者在社会基础、选民范围和政治影响上推行了改良策略。新康德主义在当时对欧洲社会民主主义的影响最为深刻。在"回到康德去"的口号下，新康德主义者发展了康德哲学中的主观唯心主义、不可知论以及信仰主义，并批判康德不是彻底的唯心主义者。新康德主义者否定"自在之物"，认为自然界是"纯粹思维"的产物，否认自然界和社会存在客观规律。这种新康德主义体现的是伦理社会主义观点，把伦理学当作社会主义的基础，拒绝马克思主义的唯物史观。此外，英国费边社会主义对伯恩施坦修正主义也产生了巨大影响。鉴于英国工人群众分享了经济社会和政治进步的成果，费边社主张通过渐进改革实现工业民主以便最后建立市政社会主义。所有这些思潮都对伯恩施坦提出修正主义观点产生了重要影响。

最后，伯恩施坦的人生经历和知识结构也为他后来提出修正主义观点提供了主观条件。伯恩施坦青年时期深受自由主义、民主主义社会思潮的影响。他的伯父就是一名资产阶级自由主义者。他也受到拉萨尔和杜林等人的小资产阶级社会主义的影响，在他看来拉萨尔只是用通俗化的语言表达了马克思的思想，他崇拜杜林，非常欣赏杜林的"实用主义和实证主义的形式"①。在德国俾斯麦政府实施《反社会党人法》期间，伯恩施坦曾作为改良主义者K.赫希伯格的私人秘书，并与后者联合发表文章要求社会民主党改变斗争性质，放弃暴力革命式的阶级斗争方式，放弃革命目标。在担任《社会民主党人报》主编其间，伯恩施坦受到恩格斯的引导，转向马克思主义的科学社会主义。但是由于受到拉萨尔主义、杜林主义、工联主义以及费边主义的影响，伯恩施坦的世界观并没有发生根本改变，在此后发表的言论中经常暴露出机会主义倾向。所有这些因素对于伯恩施坦的影响所导致的结果，可以用他自己的一句话来概括："我基本上是一个擅长分析的人，而且是相

---

① [德]爱德华·伯恩施坦.伯恩施坦文选[M].殷叙彝 译.北京：人民出版社，2008：491.

当片面地只会分析，综合性的思维与总结对我来说是困难的。"①

（二）伯恩施坦修正主义发展的具体历史阶段

伯恩施坦修正主义的萌芽时期。阿尔弗勒德·诺西希博士在《社会主义的修正》中最早提出"修正主义"这个概念，他也因这一思想没有得到社会民主党人重视而退出党派。但是修正主义名称却被保留下来，主要用来指那些批评社会民主党传统理论的社会主义者。布鲁诺·休恩朗克（也有译成什恩朗克的，德国社会民主党人，国会议员，曾任《前进报》代理主编和《莱比锡人民报》主编）也曾在农业问题方面使用过"修正主义"一词，他提出必须在党内进行一场思想方式的修正，即社会民主党必须主动去适应已经发生变化了的农业关系，并断言着手"修正社会主义概念"的时候已经到来。因此，伯恩施坦否认自己是最先提出"修正主义"这一概念的，甚至在主观上也排斥修正主义者的身份。他指出，"修正主义者，的确，我所提倡的是修正，但是把这个词用到辩论中的不是我，我并没有自称为修正主义者。"②1879年7月，伯恩施坦参与发表《德国社会民主主义运动的回顾》一文，提出把社会民主党改造成资产阶级政党，放弃党的无产阶级性质。从此，伯恩施坦坚持机会主义的政治立场，主张改良主义而反对革命斗争。1880年，伯恩施坦与马克思、恩格斯会面后，思想有所改变，并且从1881—1890年一直担任德国社会民主党机关报编辑，为马克思主义宣传作了许多有益的工作，因此也得到恩格斯的赞赏，把他作为自己的遗嘱执行人之一。但是伯恩施坦没有真正理解马克思主义的理论精髓，这导致他最终滑向修正主义。

伯恩施坦修正主义的形成时期。19世纪90年代德国出现的经济繁荣景象让伯恩施坦的科学社会主义思想发生动摇。1891—1893年，伯恩施坦对德国资产阶级经济学家冯·舒尔采-格弗尼茨的观点进行了批判，但是随后他又说自己实际上是赞同后者关于社会和平的时代的论断。在1890年4月写的《社会民主党在议会中的地位》一文中，伯恩施坦高估议会政治的历史意义。

---

① [德]爱德华·伯恩施坦.伯恩施坦文选[M].殷叙彝 译.北京：人民出版社，2008：488.
② [德]爱德华·伯恩施坦.伯恩施坦文选[M].殷叙彝 译.北京：人民出版社，2008：515.

1893年，伯恩施坦撰文讨论"卫生事业的国有化"问题，指出"和平长入社会主义"具有合理性，并认为资本主义社会的经济、政治、社会和道德因素正日益发展成社会主义的基础。1895年8月恩格斯逝世后，伯恩施坦毫无顾忌地展示出他的机会主义的本色。1896年10月至1898年6月，伯恩施坦在《新时代》发表6篇文章，公开修正马克思主义理论。在《空想主义和折中主义》一文中，他要求社会民主党"检查"自己的"精神武器"，宣扬资本主义"和平长入社会主义"。在《崩溃论和殖民政策》一文中，伯恩施坦不仅从多方面宣扬"和平长入社会主义"的现实可能性，而且第一次明确提出"社会主义的最终目的是微不足道的，运动就是一切"[①]。

  伯恩施坦修正主义的成熟时期及其后的发展。1899年3月，伯恩施坦出版《社会主义的前提和社会民主党的任务》，从哲学、政治经济学和社会主义三个方面系统而全面地修正马克思主义理论，这使他真正成为第二国际修正主义的鼻祖。在《社会主义的前提和社会民主党的任务》中，伯恩施坦对《共产党宣言》《1848年至1850年的法兰西阶级斗争》《路易·波拿巴的雾月十八日》中的历史唯物主义思想和阶级斗争学说进行了歪曲。伯恩施坦认为《共产党宣言》错误地估算了资本主义发展到崩溃的时间，认为实际上工业中产生集中和积聚的速度和程度是较为缓慢的，资本主义社会的阶级矛盾也变得较为缓和，以工人阶级地位的改善为依据攻击马克思、恩格斯的革命理论，并将它与"布朗基主义"相等同。从1902年起，伯恩施坦多次被选为议会议员，此后不断在社会民主党和第二国际大会上宣扬议会道路、和平过渡、社会主义殖民政策等，反对阶级斗争、暴力革命和无产阶级专政。1914年第一次世界大战爆发后，他又支持德国帝国主义的侵略政策，成为一名社会沙文主义者。1915年，伯恩施坦再次宣扬社会和平主义。1921年伯恩施坦参与起草机会主义党纲，并先后出版《社会主义的过去和现在》《什么是马克思主义？》《社会民主党的学习时代》《一个社会主义者的发展过程》等著作，继续歪曲马克思主义，为修正主义辩护。

[①] [德]爱德华·伯恩施坦.伯恩施坦文选[M].殷叙彝 译.北京：人民出版社，2008：68.

二、伯恩施坦修正主义产生的思想根源

任何理论都不是无源之水，无本之木，马克思主义是马克思、恩格斯在对唯心主义和形而上学等思想的批判中建立和发展的。社会发展的新状况既为马克思主义理论发展带来机遇，也对马克思主义理论提出新考验。然而，如果不能正确区分唯物主义和唯心主义、形而上学和辩证法的关系，就难以对马克思主义有个清晰的理解，更谈不上继承和发展。从这一角度出发，进一步剖析伯恩施坦提出的具体主张的思想根源所在，这是我们深刻理解马克思主义，与非马克思主义进行坚决斗争的关键所在。

（一）伯恩施坦理解的马克思主义辩证法

在伯恩施坦看来，他在事实上远比那些把他说成辩证法的叛徒的人更加按照辩证法的本意来对待事物。他强调，只有当大家放弃捍卫站不住脚的东西时，才可能进行有益的论战。伯恩施坦就黑格尔的辩证法对马克思、恩格斯学说所讲的话招致一阵骤雨般的批判，但伯恩施坦为自己辩护说，自己的批评只适用于对社会主义理论一向有影响的那种黑格尔辩证法。

伯恩施坦认为，任何一个有常识的人都不会直截了当地抛弃辩证的思维。恩格斯在《反杜林论》中将形而上学和辩证法对峙起来，是一种极端情况，而实际上任何有判断力的人都不会存在这样的极端情况。在伯恩施坦看来，今天人们普遍认为，如果既不从事物的分离化或特殊性上考察事物，也不从事物的关联、关系（其中包括事物的形成、发展）上考察事物，就不可能作任何理性思维或研究。他认为，紧要的问题不是辩证的考察方法是否必要的问题，而在于黑格尔给这种考察方法提出的公式的相对价值问题，也就是这些公式的适用性的限度问题。

恩格斯认为，"世界不是既成事物的集合体，而是过程的集合体，其中各个似乎稳定的事物同它们在我们头脑中的思想映像即概念一样都处在生成和灭亡的不断变化中，在这种变化中……前进的发展终究会实现"[①]。恩格

[①] ［德］马克思，恩格斯. 马克思恩格斯选集：第4卷［M］. 中共中央马克思恩格斯列宁斯大林著作编译局 译. 北京：人民出版社，2012：250.

斯还进一步补充说，这个伟大思想"特别是从黑格尔以来，已经成了一般人的意识，以致它在这种一般形式中未必会遭到反对了"①。伯恩施坦认为，这在原则上当然是正确的，正因为如此，把反对辩证法的某些运用方式当成反对发展的理论看待，是不合理的。在伯恩施坦看来，争论的问题是我们应当怎样理解恩格斯所说的"不断变化"一词，我们如何重视它所依据的基本思想。

伯恩施坦以人体内的新陈代谢为例，认为这个"不断的过程"是对于作为物种的人或作为人格的人来说的。人们可以靠一定种类的营养，使一个人在一定的方向发展，但是人们无法靠食物把他改造成另一个人格，改造成另一个人种（种族）的一员，或者甚至改造成动物界另一个物种的一员。他指出，虽然生物学的进化论证明了一切生物都起源于少数基本形态，但是要想借杂交或其他任何方法，由一个已经进化的物种的个体培养出同一基本种属的另一个进化的物种的个体，是不可能的。基于此，伯恩施坦不赞同把世界理解为过程的总和，而坚持把它理解为当时已完成的事物与过程的总和。这个过程可长可短，既有不需要一秒钟即可完成的过程，也存在需要或将需要几千年、几十万年才完成的，甚至对一切实际目的来说是"永恒的"过程。

因此，伯恩施坦认为，像黑格尔辩证法那样对事物的特殊性进行抽象，这对特定的阐述和研究是可以被允许的，甚至是不可或缺的。但是，伯恩施坦也认为，鉴于我们研究对象和研究目的的特殊性质，那种黑格尔式的思辨的抽象要么是根本不可能的，要么只容许在一定限度内进行。在伯恩施坦看来，黑格尔的辩证法存在着危险性。这种危险性在于，人们经常容易把黑格尔的辩证法看作一套固定的结构，任意地套用在具体的研究和叙述当中，而任何研究方法和叙述方法都必须从具体的事实出发，而不能套用这种外在的辩证结构，即使这种外在的辩证结构给人呈现可信的外表，但是实际上它也是非常危险的。很多人实际上只是掌握了黑格尔辩证法的外在结构，根本不

---

① ［德］马克思，恩格斯. 马克思恩格斯选集：第4卷［M］. 中共中央马克思恩格斯列宁斯大林著作编译局 译. 北京：人民出版社，2012：250.

理解黑格尔辩证法的精神实质。拉萨尔曾指出，黑格尔学派对确实资料及确实资料丰富得难以接近这件事，认真地抱有一种恐惧，然而恰恰只有从经验事物的具体细节出发才能认识真理，而且恰恰只有从细节中才能找到真理的证据。他认为，经验科学是一种比一般讲空话的圆滑气更远为难获得的，也是远为顽强的元素。

世界最后的基本规律无法从对于有限的经验事实的考察中得出，而只能在概念上把它理解为从科学证实的事实中得出那些结论的产物。在这个意义上，对于所有具有这种统一的世界观的人来说，思维过程就是现实的创造者。在黑格尔构成他那世界和事物的一般概念（无论这种概念是怎样得出的）之后，显而易见，这种只表明事物的实际存在中的各种"要素"的概念包含着合而为一的一切对立，或这些对立实际上所采取的各种形式。按照这种观点，辩证法这种矛盾的逻辑学，也就是说，这种以漠视形式逻辑的第一命题（认为一种事物不可能是不同于它本身的某种东西）为基础的逻辑学，就获得了一种合理的意义。

我们对世界联系的认识是不可能完全的，一部分是由于我们目前有局限性的认识方法，一部分是由于我们认知上经常受到阻碍。恩格斯所认为的使"形而上学"的观察方式遭到失败的那些困难，在加以比较仔细地观察时，表现为在用我们的器官和辅助工具来确定自然界中最细微的转变这一方面的实际困难。这些困难同存在于我们肉体认识或觉察的边缘地区内的、我们只有借助于数学才能加以说明的那种过程有关。当我们无法进一步扩大认识界限时，可以把界限内的事物关系看作"自在之物"，这样就能够消除逻辑矛盾和模糊之处。伯恩施坦指出，如果我们为了某种兴趣而否认这个界限的存在，我们就会把矛盾带进我们整个世界观里去，而且要冒这样的危险，即一有机会就使我们理解神秘的更高的理性和充满矛盾的辩证法的权利遭到破坏。辩证法不能成为说明已知关系和问题的手段，而只能是进行任意构想的推动力或指导，阻碍对事物进行真正科学的观察。伯恩施坦还强调，在自然科学中，根据概念进行构想，已经普遍地得不到信任了，所以这种危险确实是很小的，但是，在社会科学领域内情况则不同。

马克思在《资本论》第一卷第二版跋里指出，研究必须先掌握和调查了详细资料，随后才可以适当地叙述现实的运动。一旦做到了这一点，材料的生命在观念中反映出来，那么呈现在我们面前的就好像是"一个先验的结构了"[①]。然而，在伯恩施坦看来，《资本论》是具有高度倾向性的著作，尽管马克思断言自己甚至相信自己一向是按照这些或那些科学原则进行工作的，但是这仍然不足以证明他实际上一贯遵守了这些科学原则。虽然著作中无疑包含着极其丰富的客观知识材料，是深入现实的产物，但是就其作为一部书而论，在编纂过程中，它不单纯是提及研究细节的客观叙述，更是一个斗争著作或者说是论战著作。伯恩施坦认为，马克思在某些地方的倾向性或辩证的结构使他丧失了科学的客观性。因此，在《资本论》中出现了种种自相矛盾，马克思往往会忽视他自己确认过的重要事实，而这一点是无法再进行否认的，马克思的门徒也应该坦率承认这一点，否则只能是助长这种错误的信念。而随着这些矛盾的暴露，整个的书都要被驳倒。

伯恩施坦指出，在马克思的主要著作中描述手工业式生产向资本主义生产的发展过程的章节与《资本主义积累的历史趋势》一节之间存在区别，前者是叙述一个现实的过程，而后者是勾画了一幅远景。在前一个场合，辩证法只是用来研究实际事实的手段，关键考虑事物的发展，在任何地方对事实本身都不会加以歪曲；但是后一个场合，事前根据辩证法的构造的图解，如果不充分描述各种事实，就会进行极端的片面化描写。由此，伯恩施坦认为，他所要弄清楚的问题在于，《资本论》归结于一个马克思着手研究以前早已完成的论点。

（二）伯恩施坦对马克思主义"布朗基主义"的理解

伯恩施坦指责马克思、恩格斯的理论是布朗基主义——一切都取决于选择适当的时刻来发动一次革命，在某种程度上也就是对社会实行突然袭击、夺取政权。伯恩施坦认为，以黑格尔辩证法为基础的科学社会主义，完全将

[①] [德]马克思, 恩格斯. 马克思恩格斯选集：第2卷[M]. 中共中央马克思恩格斯列宁斯大林著作编译局 译. 北京：人民出版社，2012：93.

无产阶级理想化，实质上就是布朗基主义的翻版。在对马克思、恩格斯系列著作的考察中，他指出，著作中处处充斥着布朗基主义精神，尤其是《共产党宣言》，更是彻底的布朗基主义。他认为，马克思、恩格斯在《共产党宣言》等著作中，到处渲染无产阶级恐怖主义，并将这一力量视为将生产关系提升到可以作为社会主义改造的前提条件的力量。然而，现实却是无产阶级恐怖主义只是作为一种破坏性的力量而出场，不具有任何建设性作用。

在伯恩施坦看来，"崩溃论""灾变论"就是马克思、恩格斯受到布朗基主义影响的结果。而实际上，自1848年欧洲革命以来，资本主义社会的发展导致整个社会结构和各阶级之间的力量对比较之过去产生极为深刻的变化，那么，在此条件下仍然倡导暴力革命，只能在政治和经济上起到相反的作用罢了。社会主义的实现要以资本主义的高度发展为前提，只依靠暴力革命是无法建立真正的社会主义的。因为在暴力革命中，物质条件非但没有被建设起来，反倒遭到摧毁。因此，期望通过革命实现社会主义无疑是一种空想的理论。

此外，伯恩施坦认为，科学社会主义的布朗基主义倾向还源于马克思、恩格斯对黑格尔辩证法的应用。正是由于通过辩证法进行的无条件的抽象，导致马克思、恩格斯高估了资本主义的发展，从而认为社会主义即将来临。也就是说，马克思用黑格尔辩证法构建理论体系，"辩证地对待暴力"，将暴力与经济力量相结合，把暴力看成是"一种经济力量"，并把暴力置于"经济占据着位置的地方"，进而变成暴力崇拜。

伯恩施坦认为，诉诸暴力是有条件的，并指出"无产阶级专政"是荒谬的。在他看来，社会民主党的实际活动的形式和它努力建立的一些制度都是和专政的概念相矛盾的。和社会民主党代表的文化相比，阶级专政的概念属于较低下的文化。基于此，伯恩施坦把无产阶级专政的概念和民主的现代含义对立起来。他认为，无产阶级专政的彻底运用会导致布朗基主义。他认为民主和暴力并不是根本对立的，现代形式的民主仅仅是一种缓和了的、表示一种新的权利思想的暴力，法律只不过是成为权利的暴力。所以，和暴力在原则上对立的并不是民主，而是无政府主义者的自由公约。

伯恩施坦认为，马克思的无产阶级革命理论是空想主义和布朗基主义结合的产物。也就是说，在对待暴力的问题上，马克思从来没有摆脱布朗基主义的影响。由此，伯恩施坦反对和怀疑马克思的阶级斗争学说，并提出改良思想，在《社会民主党在议会中的地位》一文中，他提出通过议会道路走向社会主义的观点。

（三）伯恩施坦修正主义的新康德主义基础

伯恩施坦偏离唯物主义历史观，依据新康德主义对马克思主义进行修正。他否认社会的发展遵循着客观的规律，否认社会主义是科学理论，攻击马克思主义具有否认人的道德动机的"反伦理倾向"。他认为，唯物主义历史观过于夸大社会历史发展中的物质因素，过于强调客观方面，无视人的主观方面的重要作用。在他看来，在意识发挥重要作用的地方，没有纯粹的物质性的存在。因此，在形成主观意志的地方，伦理的、宗教的、哲学的和科学的理论在其中发挥着重要的作用。

新康德主义最初出现于19世纪五六十年代的德国。李普曼提出"回到康德那里去"——标志着新康德主义登上历史舞台。新康德主义哲学家一以贯之的主张就是对人的主体性地位的高扬——企图拯救失落在商品浪潮中的人，通过重视精神的德国古典哲学，重建人的主体性尊严。他们回到康德，用康德锻造出来的精神武器去和现实碰撞。如果说康德仍坚持"物自体"的独立性的话，那么新康德主义者就提出了一种彻底的唯心主义。受此影响，1898年，伯恩施坦曾指出，在社会主义理论中应该重视道德和伦理因素。1903年，他又指出，马克思的唯物主义历史观虽然为我们留下了分析社会历史发展的重要指导思想，但现在要说明内在的发展过程，就必须依托新康德主义来对唯物主义历史观的哲学基础进行补充。

伯恩施坦公开声称："回到康德去"！他试图取消唯物主义，代之以康德的主观唯心主义和不可知论，把唯物主义看作"假定的概念"，否认唯物主义的科学性。新康德主义认为，道德意识决定社会历史的发展，在社会历史领域内不存在客观规律，质疑历史唯物主义通过对社会发展规律的科学分析而得出科学社会主义的可能性。

伯恩施坦主张，社会规律来自意识本身，而不是社会现实，这与新康德主义保持一致。他从新理论的自然发展过程出发，认为唯物主义历史观在创立之初，为了树立威信，与旧理论做斗争，必然会过于强调客观物质因素而忽略主观非物质因素。只有到了成熟时期，非物质因素对社会发展的重要性才被加以重视。应用马克思主义唯物史观，必须按照其成熟而不是起初的形态。由此，《政治经济学批判》序言中对唯物主义历史观的"经典表述"，在伯恩施坦看来，不过是一种"独断的措辞"罢了，把资本主义生产的天然规律看作以铁的必然性发生作用的宿命论。他以折中主义理解唯物主义历史观，反对唯物主义历史观一元论。在他看来纯粹的经济因素只是社会历史中的一个因素，除此之外还有一些重要的主观因素。因此，社会主义不可能具有完全的科学性，因为作为一种关于社会历史发展的理论，其中还包括对未来社会的一般观念——其中很大部分只不过一种美好愿景而已。

三、关于伯恩施坦修正主义的各种争论及其自我辩护

伯恩施坦对马克思主义进行的全面修正表现在以下三个层面：首先，他认为社会民主党更应该关注的是当下的运动，"社会主义的最终目的是微不足道的，运动就是一切"；其次，他认为无产阶级和资产阶级的矛盾已经缓解，因此反对"崩溃论"而主张"适应论"；最后，由于上述矛盾的缓解，他认为最终导致社会主义实现的不再是无产阶级革命斗争，而是"和平长入社会主义"。

（一）"社会主义的最终目的是微不足道的，运动就是一切"

1. "社会主义的最终目的是微不足道的，运动就是一切"的提出

伯恩施坦在《崩溃论和殖民政策》中首次提出上述观点，他认为"社会主义的最终目的是微不足道的，运动就是一切"[①]。在伯恩施坦看来，所谓社会主义的最终目的就是实现"未来社会的具体模式或设想"，而社会民主党人所理解的最终目的却是"夺取政权"。对此，伯恩施坦认为，如果社

---

① [德]爱德华·伯恩施坦.伯恩施坦文选[M].殷叙彝 译.北京：人民出版社，2008：68.

会民主党进行斗争是为了达到一夜之间上台执政的目的,那么,这个党的表现就是对于政治权力的疯狂追求。而为了追求这种目的的达成,这个党仅仅通过一次灾变显然是无法实现的。同时,伯恩施坦反复指出,作为"未来社会的具体模式或设想"的社会主义是遥不可及的,任何一个理智的社会主义者,都无法描绘出一幅固定的未来图景。正如英国社会民主联盟的领导人贝尔福特·巴克斯所指出的那样,如果我们把社会主义看作一幅固定的未来图景,当作我们"应当如何"的未来社会远景,那么这种社会主义的实现只能推迟到世界末日。在这种意义上,伯恩施坦对"最终目的"漠不关心,认为它算不了什么。相对而言,他更加注重日常合法斗争,让人们不要抱有幻想,而应当在社会改良中和平地进入社会主义。因此,他主张"社会主义的最终目的是微不足道的,运动就是一切",这个基本观点被列宁称为"伯恩施坦的公式"[①]。在《社会主义的前提和社会民主党的任务》一书中,伯恩施坦多次反复声明,他决不会放弃这一观点,并将对其百般辩护。

我们可以看到,伯恩施坦提出这一观点绝非偶然。随着资本主义向帝国主义的转变,马克思主义得到广泛传播,无产阶级力量也不断积聚,正是基于这种新形势和新变化,伯恩施坦对政治现实作了"新"判断,他"只承认改良,而否认革命"[②]。1879年7月,"苏黎世三人团"[③]在《德国社会主义运动的回顾》一文中提出,不应高举旗帜前进,而应该把规定了党的最终目的的纲领无限期地延缓,将"全部力量、全部精力用来达到某些最近的目标"[④],这其中已经包含了伯恩施坦修正主义公式的雏形。在1890年俾斯麦

---

① [苏]列宁.列宁全集:第20卷[M].中共中央马克思恩格斯列宁斯大林著作编译局 译.北京:人民出版社,2017:310.

② [苏]列宁.列宁全集:第20卷[M].中共中央马克思恩格斯列宁斯大林著作编译局 译.北京:人民出版社,2017:310.

③ 1879年7月,伯恩施坦与K.赫希伯格、K.施拉姆一起以三颗星为署名(被马克思讥称为"苏黎世的三人星座"而得名苏黎世三人团),参见严书翰,胡振良.社会主义通史:第2卷[M].北京:人民出版社,2011:259.

④ [德]马克思,恩格斯.马克思恩格斯选集:第3卷[M].中共中央马克思恩格斯列宁斯大林著作编译局 译.北京:人民出版社,2012:736.

政府镇压工人运动的政策破产后，统治阶级适时地改变策略，将"鞭子"政策改为"蜜饼"政策。伯恩施坦被资本主义的暂时繁荣迷惑，对资产阶级民主和德国统治者采取社会改良的"自由主义"政策抱有幻想。虽然此时伯恩施坦赞同工人运动的一般目的，但是他对于工人运动的一般目的所具有的根本性质产生怀疑，他认为那种为了实现"未来社会的具体模式或设想"的工人运动只能是一种奢谈和空想。换句话说，他强调，工人阶级政党应当投身于当前关乎工人利益的改良工作之中，而不是为了实现那种所谓"社会主义的最终目的"，一味沉浸在奢谈和空想之中。因此，工人阶级政党应当支持与自己观点相近的资产阶级政党。如果工人阶级政党不放弃所谓的"社会主义的最终目的"，不抛弃围绕着这个"最终目的"实现所提出的各种理论或原则，它最终只能再次陷入政治空谈和幻想中，最后很快就被人们所遗忘。

　　针对"伯恩施坦的公式"，目前主要存在两种解释，即"环境影响说"和"脱毛说"。"环境影响说"这种解释强调了环境对人的影响是至关重要的，如果一个人无法认清现实，极易被外在环境变化的多样性所牵引，进而导致思想观念的偏失。因此，李卜克内西指出："像马克思这样一位天才，他必须待在经济上走在其他一切国家前面的典型发展的英国，为的是在那里研究资本主义社会的本质，并从事写作他的《资本论》。"[①]而伯恩施坦在英国的逗留，使他在英国环境的巨大影响下，对英国资产阶级的巨大发展表现出充满崇敬佩服之感，这种影响直接造成他对马克思主义信念的动摇，使他已经形成的思想逐步发生腐化。"脱毛说"来自倍倍尔的一种说法。在倍倍尔致伯恩施坦的一封信中，倍倍尔指出伯恩施坦"又一次在脱毛"[②]，并强调这次"脱毛"是伯恩施坦历次"脱毛"中"最危险的一次"，而唯一能

---

① 中共中央马克思恩格斯列宁斯大林著作编译局国际共运史研究室.德国社会民主党关于伯恩施坦问题的争论[M].北京：生活·读书·新知三联书店，1981：51.

② "脱毛"一词原是德国农业化学创始人尤斯图斯·李比希在谈到科学观点发展时的用语。他把化学家赶上飞速发展的化学成就的过程比喻成脱去旧的羽毛而代之以新生的羽毛。恩格斯在《反杜林论》三版序言中借用"脱毛"来比喻他在自然科学方面进行探讨的过程。19世纪末，德国社会民主党内流行用这一说法来形容观点上的变化。参见［德］爱德华·伯恩施坦.伯恩施坦文选[M].殷叙彝 译.北京：人民出版社，2008：94.

挽救他的办法就是变换一个环境。倍倍尔认为，伯恩施坦在英国环境下所开展的交往生活促使他原有的思想不断发生改变，他将暂时居住的环境当成普遍适用的标准。由此，倍倍尔认为伯恩施坦的思想变化关键在于受到环境的影响，而普列汉诺夫则认为，造成伯恩施坦"脱毛"的问题不在于他是否居住在英国，而在于他没有很好地弄懂什么是"科学社会主义"，没有真正"科学地研究"科学社会主义。无论是"环境影响说"的解释，还是"脱毛说"的解释，伯恩施坦都予以否认。他认为倍倍尔从一开始就错误地对他的"改变"进行责怪。同时他强调当他在柏林的时候，他不是杜林分子，当他和赫西伯格在一起的时候，他也不是赫西伯格分子。他说自己不是在伦敦的时候，或者说从1880年那一次到伦敦后，自己才成为马克思主义者的。同样，他也不是在伦敦或是在恩格斯逝世以后，自己才改变思想认识的。他认为自己的思想发展并不像他们想象的那样，倘若如此，他肯定就成为可怜巴巴毫无主见的应声虫了，只能奴隶般地顺从外在的环境。但是，伯恩施坦认为，自己的实际情况并非如此，他明确地说："我不管在形式上怎样迁就，思想上是一贯反抗环境的压力的"①。伯恩施坦为证明这一点，他还强调反对"崩溃论"的论据，并不是依据英国而是德国的统计。他认为，有产者的数目不仅是在英国，而且是在所有的现代国家中都不断地增长，只要把马克思在他的研究过程中附带提到的某些原理继续发展下去，也可以从马克思那里推引出这一证明。伯恩施坦用《资本论》来证明自己观点的合理性，他把《资本论》看作一部没有彻底完成的并带有一定倾向性的成果，但是他不否认它的科学性。在伯恩施坦看来，马克思在科学性与倾向性之间的冲突，使得马克思主义实现所谓的"社会主义最终目的"这一历史任务变得越来越困难。他认为，自己不是在攻击社会主义革命理论，而是在现实中证明这种理论存在的不足之处。所以，伯恩施坦曾说，恰恰不是他的目光阴暗，而是其他德国社会民主党人的目光模糊，使得这些人还处在政治斗争之中，而自己

---

① 中共中央马克思恩格斯列宁斯大林著作编译局国际共运史研究室.德国社会民主党关于伯恩施坦问题的争论［M］.北京：生活·读书·新知三联书店，1981：66.

却已经处于政治斗争之外。正是那些社会民主党人的响亮的空话和迷惑般的诡辩使他们自己晕头转向，他们因对伯恩施坦缺乏了解只能简单地反对伯恩施坦，最终导致这些人在错误指引下从伯恩施坦的文章中读出和原来意义大相径庭的东西。因此，自从伯恩施坦提出"社会主义的最终目的是微不足道的，运动就是一切"这个观点，在社会民主党内就引起了人们广泛的争论。

2. "社会主义的最终目的是微不足道的，运动就是一切"引发的争论

在斯图加特代表大会上，社会民主党人围绕这一观点展开激烈争论，倍倍尔、卢森堡、蔡特金等人对伯恩施坦坚决驳斥，海涅、彼乌斯、福尔马尔、大卫等人为伯恩施坦进行辩护，考茨基则采取温和的方式反驳伯恩施坦的观点。伯恩施坦认为，《共产党宣言》是对现代社会发展的一种预测，如果从总体趋势来描述，这种预测是正确的。但在"声明"①的后面，他所阐述的内容与这句话有明显的矛盾，由此引发德国社会民主党内诸多质疑。

一部分社会民主党人从不同角度展开思考，对伯恩施坦的公式进行坚决驳斥。从"最终目的"的重要性上看，他们强调必须坚持把"最终目的提到首位"，阿·施塔特哈根认为，如果有意将最终目的抛开，必将导致人们积极性的挫伤和战斗乐趣的丧失。从"最终目的"形成的根据来看，坚持错误的根据必将导致胜利的时刻大大推迟，而且我们根本不会达到目的。考茨基对伯恩施坦关注有产者的人数、资本家的人数增加等现象进行驳斥。从"最终目的"在党的纲领中的重要作用来看，李卜克内西认为，如果忽视或否认"最终目的"，社会民主党就不再是一个无产阶级的政党了。休恩朗克直言，那将成为一个小资产阶级的反对党。倍倍尔也强调，必须全面宣传纲领，绝不能只拿出其中一部分来宣传，而对另一部分置之不理。正在从事斗争的党，要达到明确的目的，就必须有一个"终极目的"。那么，如何正确理解"最终目的"和实际运动的关系呢？蔡特金强调，"最终目的"并不是性格问题，而一直是一个科学的认识和政治信念的问题。卢森堡指出，"最

---

① 伯恩施坦在斯图加特大会上的声明，参见中共中央马克思恩格斯列宁斯大林著作编译局国际共运史研究室.德国社会民主党关于伯恩施坦问题的争论[M].北京：生活·读书·新知三联书店，1981：38-42.

终目的"是一个革命的无产阶级政党的最为实际的问题。只有"最终目的"才构成斗争的精神和内容，因而无产阶级必须努力夺取政权。这一点永远无须质疑，必须对"最终目的"有非常清楚的认识。在她看来，夺取政权是斗争的灵魂，是最终目的，对伯恩施坦否认"最终目的"予以驳斥。

与此同时，也存在另一部分社会民主党人对伯恩施坦公式进行公开的辩护。就"最终目的"和实际工作的关系而言，威·彼乌斯提出，他厌恶"最终目的"这个概念，因为它根本不存在。他重视的是在当前从事更加建设性的、更加实际的工作，而最终目的会自然而然地达到。海涅认为，不应该向群众绘制未来的社会主义社会的图画，可以按照和空想主义不同的另一种意义来谈论未来的目的，社会民主党必须通过所做的一切去创造一个更高的社会，创造一个从经济技术发展中自然成长起来的社会。福尔马尔也赞同伯恩施坦，"如果我要达到一种目的，那么在各个具体场合是什么样的理论考虑在起作用，我觉得是次要的。……说人们追求当前的目的就是'推迟最终目的'，这整个的概念是最大程度的非社会主义的，首先是最大程度的非马克思主义的。因为我们整个宣传工作的成就不取决于我们自己的意愿，而符合我们意愿的发展必须根据内在的必然性进行"[①]。由此，他将社会主义的最终目的当成"传家宝"，平时都是束之高阁，只有特殊的节日才能呈现。在伯恩施坦的《社会民主党和社会革命的斗争》出版不久，尤利乌斯·沃尔弗就指出，这是对现代社会主义理论的当头一棒，是一种公开的宣战。这就说明，对伯恩施坦的议论的重要性怎样评价都不能算高的。伯恩施坦的新见解将导致德国社会民主党倒向舒尔采-格弗尼茨及其伙伴鼓吹的"社会和平"。

从以上的辩论来看，德国社会民主党意识到，伯恩施坦已经无法改变他的错误认识，他只看他所愿意看到的东西，当他看到他不愿意看到的东西时，就开始编造。倍倍尔提到，伯恩施坦曾给他一份党刊，其中载有编辑部同一个资产阶级政党的争论，谈的是随着情况的改变而改变策略的必要性。

[①] 中共中央马克思恩格斯列宁斯大林著作编译局国际共运史研究室. 德国社会民主党关于伯恩施坦问题的争论[M]. 北京：生活·读书·新知三联书店，1981：29.

这一点党内任何一个人在任何时候没有反对过策略必须适应生活和斗争的环境，制定策略必须始终考虑党的基本原则和目的的观点。德国的选举权与英国选举制度不同，在这里绝对排除任何一种单独的成功，它迫使我们支持敌对的政党，不是为了赢得什么，而主要是为了防止某些有害的事。而在英国则不同，那里的选举制度不管有什么问题，只要有一个强大的阶级觉悟的工人政党，它就可以取得自己单独的成就。正如倍倍尔所指出的，将他与伯恩施坦分开的不仅仅是策略上的严重分歧，而且也有基本观点上的尖锐矛盾。如果伯恩施坦关于资产阶级社会及其发展的观点是正确的话，我们就无法作为社会民主党的党员了。所以倍倍尔说："从你现在关于资产阶级社会和它的发展的观点出发，你完全有理由说：对我来说，运动就是一切，目的是微不足道的。这就是我们之间的鸿沟，我认为，极其明确地肯定这一点，是很重要的。"①

3. 伯恩施坦的自我辩护

伯恩施坦认为，由于社会民主党长期以来对科学社会主义的误解，以及对社会主义这一名称的错误使用，最终导致其思想的混乱。他在《科学社会主义怎样才是可能的？》一文中提出，社会主义是一整套关于人类社会的新观念和学说，它与人类社会历史中不断实现的具体特定的社会制度结合在一起。社会主义也是一种关于人类社会的新的运动和状态，它是人类在社会历史中努力争取的具体特定的社会制度。无论我们把社会主义理解为一种学说，还是把握为一种状态，这种社会主义总是与理想主义的要素和理想主义的运动紧密地联系在一起。由此，伯恩施坦断言社会主义存在于人们能够确实感知的事物的彼岸，是一种彼岸的东西。在伯恩施坦看来，为了避免社会主义名称被科学社会主义错误地使用，建议用socius（同伙或合作社）代替societas（社会）作为社会主义的词源。由于社会的概念模糊，造成一切事物都有可能是社会的，对于社会民主党以外的党派的意图也能采用社会或社会主义的

---

① 中共中央马克思恩格斯列宁斯大林著作编译局国际共运史研究室. 德国社会民主党关于伯恩施坦问题的争论 [M]. 北京：生活·读书·新知三联书店，1981：62.

概念了，而实际上，这些党派的要求没有一个是与"合作制的"概念相适合的。最终，伯恩施坦所理解的社会主义其实就是"走向合作制的运动"[①]。

因此，伯恩施坦认为，社会主义运动的总目的就是"全面实现合作制"，而社会主义计划则是对未来图景的描绘，所以总目的应该是当下最为重要的任务，是政治和经济要求的体现。伯恩施坦认为，社会民主党为了自己的政治和经济的解放，甚至可以同资产阶级进行合作，这体现了他的妥协政策。因此，他大肆宣扬通过和平过渡"长入社会主义"，拒绝推翻资产阶级专政，建立无产阶级专政，放弃无产阶级的革命斗争，他将"联合体"和合作社相等同。马克思指出，在一个真正的"自由人联合体"中，每个人的自由发展是实现所有人类自由发展的条件。但是，在没有得到个体自由的前提下建立的合作社，完全是一种妥协式的联合，建立在这种合作原则上的共同体绝非是我们所期望达到的目标。而伯恩施坦坚持合作原则，他认为，社会民主党人只有超过"运动的一般过程"，仔细考察同"运动有关的各种要素"才有价值。他没有理解彻底的社会革命是与经济发展的某些历史条件相联系的，而经济发展是社会革命的先决条件。在他看来，只有超越无产阶级革命这一观点，或者说跨越无产阶级革命这一过程，并且将各种因素都加以考量，才能得到正确的判断。

从人类社会发展进程来看，除了原始社会以外，到目前为止，人类的历史都是阶级斗争的历史，运动的一般过程反映运动本身是绝对不能被超越的。社会的发展主要是由经济基础决定的，其他因素并不是不考量，而是要有主次之分，这充分体现了马克思主义辩证法。但是，在伯恩施坦看来，马克思的科学社会主义仅仅是一种社会主义意图和要求，是有关这些意图和要求的一般理论，所以他认为，这种诉诸知识的社会主义其实是一场以利益为其最重要动力的现实运动。这也就意味着伯恩施坦不再把科学社会主义看作一种抽象的理论意图，而是一个具体的现实目标。认识只有与利益发生联系

[①] 中共中央马克思恩格斯列宁斯大林著作编译局国际共运史研究室.德国社会民主党关于伯恩施坦问题的争论［M］.北京：生活·读书·新知三联书店，1981：362.

才能产生活动，且只有不损害或有助于利益的时候，认识才能有意识地发挥作用。社会主义是一种事关意志的事业，因此人们为了达到目的就必须将社会有机体的力量和联系，以及社会生活中关于因果的科学作为指南。但是，科学社会主义理论作为一种关于未来社会的制度理论，缺乏严格的科学证明。为了防止这种对于社会主义概念的使用所造成的人们思想的混乱，伯恩施坦提倡，最好用"合作制"取代社会主义，将社会主义描述为走向合作制运动。"科学社会主义的称号会使人错误地得出一种观念，似乎社会主义作为一种理论希望或者应当成为纯粹的科学"[①]。也就是说，科学社会主义不是一套现成的理论认识，更不是一种纯粹的科学观念，而是一种具体现实的社会运动，正是这种具体现实的社会运动恰恰体现着科学社会主义的客观性。因此，伯恩施坦认为，用源于康德批判主义的"批判的社会主义"取代"科学社会主义"是正确的，因为前者更好地体现了我们的"双重需要"，即科学认识的需要和社会理想的需要。对于科学认识需要而言，"批判的社会主义"承认社会主义必须建立在我们的科学认识基础之上，承认我们的科学认识是社会主义理论中的决定性因素。而对于社会理想需要来说，"批判的社会主义"既保持着我们对于理想社会的追求，又防止我们陷入社会主义的空想，因为后者容易导致我们认为自己所追求的理想社会是唯一科学的，而且认为这种唯一科学的社会主义可以在某一历史时期完成，而这种社会主义的空想恰恰是错误的，科学的社会主义必须是建立在我们的科学认识基础之上的现实运动。

因此，伯恩施坦认为，这场建立在我们的科学认识基础之上的现实运动不仅是一场从根本上促进社会进步的总体运动，而且还是一场通过政治、经济及组织各项工作推动社会进步的具体运动。在这场具体的社会运动中，工人阶级在政治上获得训练，学会在议会民主制范围内兜圈子。工人阶级在经济上获得收益，通过议会立法使私人企业服从"公共利益"，并"从私人管

---

① [德] 爱德华·伯恩施坦. 伯恩施坦文选 [M]. 殷叙彝 译. 北京：人民出版社，2008：396-397.

理转入公共管理"。工人阶级在组织上获得成长，工会将越来越成为工人阶级政党的补充、支柱，在某些情况下将成为工人阶级的指路人。基于这些情况，随着时间的推移，资本主义经济就"将完全自动地获得合作的性质"，由此，这场在资本主义制度之内的改良运动与那场实现"社会主义的最终目的"革命运动就分割开来了。

针对社会主义的实现是不是要等到世界末日这个问题，伯恩施坦回应说，如果把社会主义的实现理解为一个以严格执行共产主义规则为基础的社会，那么社会主义还有很长的路要走。反之，伯恩施坦也认为，实质上现在许多社会主义已经实现了，但不是按照马克思、恩格斯的形式去实现的。社会义务的范围正在扩大，个人对社会的义务和相应的权利，以及社会对个人的责任不断扩大，国家或民族组织起来监督经济生活的社会权利的发展，在城镇、县和省建立民主自治，扩大这些群体的职能，在伯恩施坦看来，这些都是社会主义的发展，或是社会主义的一部分一部分地实现。随着发展，这种转移只能逐渐进行，经济企业自然会从私人管理转入公共管理。只要社会充分行使对经济关系的监督权，经济企业向公共经营的实际转移并不像人们普遍认为的那样具有根本的重要性。好的工厂法中包含的社会主义，比一整批工厂的国有化还要多。

伯恩施坦依据社会形势的新变化，提出对原有的社会发展的原则进行修正。但是他否认辩证法，导致其对马克思学说实质的歪曲和误解。伯恩施坦局限于暂时的、偶然的表象质疑科学社会主义，最终目的在他那里是虚妄的、未来的假设，科学的辩证法成为陷阱。可见，伯恩施坦认为科学仅仅是知识的表达，与任何政治、经济或思辨性的利益背道而驰。科学作为认识，与运动相割裂，只有在与其目的有利的时候才能自觉、有意识地发生，这一利益是与道德和理想主义相关联的，只能是一种无法结出果实的彼岸花。他认为在社会党已经获得了重要政治意义的所有国家，存在一种共同的现象，那就是不再像以往那样热衷于无休止的议论和追逐连篇累牍的空话——总是冥想在彻底崩溃之后的利益分配，而是去探讨当前问题的细节，力求在当前问题的基础上，沿着社会主义前进的方向，推动社会发展。正是从这一意义出发，伯恩施坦主张"运动就是一切"，而忽略"社会主义的最终目的"的重要性。

（二）反对"崩溃论"

1.反对"崩溃论"的提出

在伯恩施坦看来，马克思、恩格斯所强调的"资本主义必然灭亡、社会主义必然胜利"理论观点是一种"崩溃论"。他认为，这种"崩溃论"观点的产生是由于没有关注到不同行业的性质和发展过程存在显著差异，因而是"彻头彻尾模糊不清的观念"①。由此，伯恩施坦主张反对"崩溃论"，不赞同"我们面临着指日可待的资产阶级社会的崩溃"②。社会民主党的战略应该建立在这场即将到来的巨大社会灾难的预期之上，或者改变其战略。他认为，这只是一种无法立足的自我欺骗的乐观主义，所以，无论是"崩溃论"，还是以它为根据的对于未来的一切期望最终都将垮台。在伦敦国际社会主义者代表大会上，社会民主党一致通过"经济发展现在已经达到这样的地步，可能不久就会发生危机。"③伯恩施坦认为，这里所提到的"危机"决不是普通的、局部性的，而是真正的、规模巨大的"世界历史性危机"，是资本主义制度由于它本身的矛盾而引起"全盘崩溃"。换句话说，不可避免的大规模经济危机将扩展成一场全面的社会危机。这种危机的根源在于资本主义生产方式的本质，它使普遍不安成为社会常态，证明了生产力的发展超出了当今社会的可接受范围，生产资料私有制开始与生产力的合理使用和充分发展不能相容了。无产阶级将作为唯一具有高度自觉的革命阶级对资本主义社会按照社会主义方向进行全面改造。

伯恩施坦反对"崩溃论"的依据在于，资本主义的发展不但没有直接导致其最终的毁灭，反而，资本主义社会完全崩溃的可能性也变得越来越渺茫。从社会前景的比较分析来看，目前的社会前景与马克思所阐述的前景已

---

① ［德］爱德华·伯恩施坦.伯恩施坦文选［M］.殷叙彝 译.北京：人民出版社，2008：67.
② 中共中央马克思恩格斯列宁斯大林著作编译局国际共运史研究室.德国社会民主党关于伯恩施坦问题的争论［M］.北京：生活·读书·新知三联书店，1981：38.
③ ［德］爱德华·伯恩施坦.伯恩施坦文选［M］.殷叙彝 译.北京：人民出版社，2008：58.

经发生了变化。马克思向社会民主党人展示的古老的前景是一支军队在做多次迂回进军的图画。伯恩施坦认为,未来工人阶级面临的是日常斗争,他们的数量、一般社会势力以及政治影响力是不断提升的,由此展示了一条工人阶级不断发展的道路。工人阶级人数的增长以及国家和经济管理要素的加强,这些都体现了资本主义与以往一切社会制度的差异性,它具有自我更新和不断适应新形势的能力,基于此,伯恩施坦断言,没有采取暴力强行摧毁它的必要性。社会发展提高了工业的"适应能力",目前的生产制度完全崩溃的可能性变得更小了,所以摒弃"崩溃论"而代之以"适应论"显得更为贴切。

此外,马克思曾提出,在像英国和美国那样的国家,有可能经过合法途径来实现社会主义改造;关于英国的土地问题,他也曾认为,如果人们向地主赎买,那就很可能以最低廉的代价获得成功。基于此,伯恩施坦断言,马克思承认合法赎买的道路比暴力剥夺的道路更为合算,灾变道路成为不必要。伯恩施坦认为,在历史上,从来没有过像社会民主党所追求的那样意义重大的改革。要进行这样的改革,绝不能仅通过一次灾变,而必须进行长期、深入的工作。细小的日常工作不能被忽略,这些任务相较于大的行动,价值意义更为重大。在现代工人运动中重要的不是那些骇人听闻的战斗,而是在顽强的格斗中不断攀登至顶的阵地。伯恩施坦认为,《共产党宣言》中那些词句所适应的政治和社会状况与当下社会发展状况已经完全不同,仍用这些词句来进行辩论,是极其可笑的。他讥讽坚持这种思想的人患有"社会主义灾变炎",每年总有几回看到大崩溃就在眼前。他声称自己也曾感染过这种有趣的病症,但是现在已经恢复。社会主义运动根本不需要危机来推进。在资本主义彻底"崩溃"之前,生产和商业有可能在社会内部发生变形和进一步扩张。到底如何正确理解马克思的"两个必然"和"两个决不会"理论,是继续坚持"崩溃论",还是选择资产阶级"适应论",这在社会主义民主党内引起巨大争议。

2. 反对"崩溃论"引发的争论

伯恩施坦坚决反对"崩溃论",认为社会民主党不应期望通过经济的大灾变实现社会的变革。但是他的这种观点遭到了考茨基、倍倍尔、卢森堡、普列汉诺夫、列宁等人的强烈反对。

考茨基认为"崩溃论"不过是由伯恩施坦杜撰的罢了。不可否认大资本家的数量正在增加，小资本家的数量，或者更确切地说小企业主的数量正在减少。但是每个人都成为财产所有者，这不能建立在私有制的基础上，而只能建立在公有制的基础上。伯恩施坦反驳考茨基对自己错误指责，指出巴克斯有时也主张过类似的意见。当《崩溃论和殖民政策》一文受到猛烈攻击的时候，考茨基曾反复细心研读过此文，指出它没有包含任何合理性内容。考茨基在《伯恩施坦和德国社会民主党的纲领》中指出有关数字材料的表面性，他认为，伯恩施坦的错误在于把这一种估计说成是不容争辩的事实。而关键问题则在于他忽略了英国和德国的差异性，即便在英国几乎每个人都能获得股票，但是在德国是不可能的。关于股份制的价值问题，法国保尔·勒卢阿-博利约认为，股份公司大大振作了事业心，提高了生产率，但同时也造成了财产的集中，一方面股份制使一些狡猾的冒险家大发横财，但另一方面它却又造成无数天真的人陷入贫穷，显然，这与伯恩施坦对股份制的评论恰好相反。倍倍尔也明确提出，以情况的表面变化为根据的全部理论是不足为信的，伯恩施坦按照这种倾向所说的一切都是不真实的和错误的，因此，"不赞成伯恩施坦的观点"[①]。1896年，收入在3 400马克以下的人数达到96.75%，略多于1883年的96%，虽然大多数人的平均收入似乎有所上升，但事实上与富人相比，总体生活条件根本没有改变。在卢森堡看来，资本主义社会必将陷入无法解决的矛盾，而这种矛盾必然引起崩溃。伯恩施坦背离马克思主义辩证法，忽视历史的基础而断言不经历激变，就可以平稳地引导社会走向社会主义。这意味着他根本无法理解革命既可以动用干草叉和流血，也能以文明的形式进行。但是需要明确的是只有无产阶级革命才能实现这一前景，最不可能采取暴力手段和希望进行一次残暴的革命。这之所以无法改

---

① 中共中央马克思恩格斯列宁斯大林著作编译局国际共运史研究室.德国社会民主党关于伯恩施坦问题的争论 [M]. 北京：生活·读书·新知三联书店，1981：43.

变，关键问题在于这种事情取决于革命的敌人，对于无产阶级而言，事情的本质在于力求彻底推翻现行的资本主义制度，这只有通过夺取政权而不是采取社会改良方式才能实现。

就反对"崩溃论"的理论依据而言，普列汉诺夫认为，伯恩施坦不过是在反复咀嚼资产阶级经济学家的言论而已。冯·舒尔采-格弗尼茨在他所著的《论社会和平》一书中驳斥"灾变论"，认为大工业的发展意味着工人日益没落为未分化的无产阶级队伍，财富积聚于少数人之手，中等阶层消灭，社会革命党出现，这一理论与事实并不符合。工人的经济状况在最近50年正在持续不断地改善，那种认为财产集中于越来越少的人手里的流行的观念是错误的。股份公司吸引越来越多的小积蓄所有者分沾大工业企业的利润，据冯·舒尔采-格弗尼茨的意见，这为和平解决社会问题开辟了道路。冯·舒尔采-格弗尼茨在《大生产——经济和社会的一项进步》一书中指出，富者愈富、贫者愈贫的说法是极其错误的，实际发生的事情恰恰相反。在英国，当工业的雇主在社会和政治层面上升到首要地位时，在他们后面有新的中等阶级开始兴起，它们先在经济上后来又在政治上巩固起来。冯·舒尔采-格弗尼茨上述所依据的都是英国，但是别的国家情形却表现出极大的不同，以德国为例："中等阶级还在大大减少，但是他只以德国的落后来解释这个事实，并借此表明，他认为自己关于英国是说得正确的那种情形，将来在德国也将得到自己的全部意义。"[①]果森也提出："说'数字能证明一切'的侮辱统计家的说法，只能表明从来不说假话的数字可以被用作说假话的佐证。数字本身从不说谎，但是谁都必须承认，无论什么精确可靠的材料都不及统计材料那样容易用来适合于一个引用者的特殊的目的。"[②]保尔·勒卢阿-博利约在1881年巴黎出版的《论财富的分配及社会不平等的趋于缓和》一书就针对此问题进行了研究。但是，由于舒尔采-格弗尼茨的著作只不过是旧题新说，

---

① 中共中央马克思恩格斯列宁斯大林著作编译局国际共运史研究室.德国社会民主党关于伯恩施坦问题的争论［M］.北京：生活·读书·新知三联书店，1981：88.

② 中共中央马克思恩格斯列宁斯大林著作编译局国际共运史研究室.德国社会民主党关于伯恩施坦问题的争论［M］.北京：生活·读书·新知三联书店，1981：89.

进一步详细开展研究而已，这就是说伯恩施坦是在不断重复他说过的话，意味着伯恩施坦仅仅是在反复咀嚼资产阶级经济学家的言论罢了。

就反对"崩溃论"的思想价值而言，考茨基肯定了伯恩施坦的贡献，即他不仅没有使社会民主党丧失勇气，反而更加促进人们深思熟虑。但是，普列汉诺夫指出，为了激发人们的思考，人们必须展示新的事实，或者对已知事实做出新的发现，然而，伯恩施坦并没有做到，所以，他不能激励任何人去思考。战争是现代经济关系的可悲产物，只有当资本主义生产方式让位于劳动的解放和社会主义在国际上的胜利时，它才会被消灭。以俄国为例，普列汉诺夫强调，要一劳永逸地摧毁沙皇制度的权力必须依靠无产阶级，这个阶级由于其经济地位和现实的逼迫而必然具有革命精神，革命运动将作为工人运动而取得胜利，否则永远不会胜利。① 在列宁看来，所谓股票占有权的"民主化"，实际上只不过是加强财政寡头实力的一种手段而已。用卡特尔消灭危机，也完全是拼命替资本主义粉饰资产阶级经济学家的谎话，在几个工业部门中形成垄断，只能导致整个资本主义生产所特有的混乱现象更加紧张和激烈。

3. 伯恩施坦的自我辩护

伯恩施坦对"崩溃论"的质疑，被社会民主党认为是对社会民主党的久经考验的理论和要求吹毛求疵罢了。但是，伯恩施坦指出，事实上每一件理论工作都是对一向承诺的原理"吹毛求疵"而已，社会主义思想界也不会因此失去一点说服力。生产和交换的社会化前提或发端，就是消除或限制引发旧危机发生的一切因素。伯恩施坦强调，自己并没有反对马克思主义的基本原则，而是与之完全一致的。在他看来，反对"崩溃论"正是基于生产和交换发生的新变化和社会发展的新状况，并不是从根本上彻底地反对马克思主义基本原则，反而是促进这一理论的完善和发展。实际上，在社会民主党获取重要政治意义的所有国家中发生了一些新的变化，即人们已经开始抛弃

---

① 参见王学东. 国际共产主义运动历史文献：第14卷［M］. 北京：中央编译出版社，2013：134.

以往的连篇累牍的空话和无休止的议论，不再狂热追求那统一适用的通则，也不再对资本主义彻底崩溃后的分配进行苦思冥想，而是更加关注当下的问题和现实的细节，探索社会沿着社会主义方向不断发展而必须解决的重点问题。伯恩施坦指责"青年派"死守着一些教条式的力量和盛行广泛的陈词、口号，好似年迈的老头子，更多围绕着党的策略不断发生分歧而没有关注实际。在伯恩施坦看来，在社会主义文献当中，很多极其重要的因素往往是被忽视的。

在民主政策方面，伯恩施坦认为自己和恩格斯的认识是一致的，其实不然。他认为，随着工人阶级的知识水平不断提高，随着社会经济发展水平不断提高，工人阶级实现自己统治的能力也不断提高，工人阶级在民主决策方面的能力也不断提高。恩格斯曾指出，"争取民主，是战斗无产阶级的首要任务之一"[1]。恩格斯还进一步阐释，如果在国家之间进行战争的条件已经发生了改变，那么阶级斗争的条件也必然随之发生同样变化。针对恩格斯提出的这些观点，伯恩施坦断言恩格斯已经放弃阶级斗争，深信以灾变为顶点的策略已经过时，有必要对这种策略进行修正。

从理论根据来看，伯恩施坦反对"崩溃论"或"灾变论"，其根据就是《共产党宣言》。在伯恩施坦看来，《共产党宣言》中从现代社会发展的一般趋势所做的论述是正确的，但是，其中提出的许多具体结论则是错误的。关于经济发展所需时间、发展所采取的形式、达到的形态、社会关系的尖锐化等，这些具体结论是《共产党宣言》没有预见的，也是其无法预见到的。此外，马克思在《资本论》中指出，社会资本的增长是通过许多单个资本的增长来实现的。随着资本的积累，资本家的数量也在增加，特别是，伴随社会财富的巨大增殖，各种等级的资本家数目也在不断增加。这种资本积累一方面表现为生产资料和劳动的支配权不断积累，另一方面表现为许多个人资本的互相排斥，生产的社会化和生产资料的私人占有之间的矛盾越发突出，

---

[1] ［德］马克思，恩格斯. 马克思恩格斯选集：第4卷［M］. 中共中央马克思恩格斯列宁斯大林著作编译局 译. 北京：人民出版社，2012：389.

最终导致资本主义社会的经济危机，导致社会的灾变。但是，伯恩施坦通过分析指出，资本主义社会的发展出现了新的变化，中等阶层的性质发生了改变，它并未从社会阶层中消失，反而不断壮大。在资本主义社会的发展过程中，工业生产积聚的劲头和速度也并非到处一致。一些发达国家资产阶级的特权已逐渐让位于各种民主制度，现代民族国家的政治制度不断发展，其民主化程度不断提高。所有这些新的变化，使得资本主义社会灾难的发生不再具有绝对的必然性，其发生的可能性也越来越小。

因此，伯恩施坦认为，从以往资本主义发展的经验事实来看，随着资本主义经济的发展，资本主义企业会越来越集中。但是，伯恩施坦认为，如果我们从不同企业的发展变化来看，情况就完全不是这样了。随着资本主义经济的发展，较多的小型企业和中型企业并没有被大企业所吞并，虽然与大型工业相比，这些中小型企业所占比例不断减少，它们的规模也不断被那些迈着"巨人的步伐"的大型工业所超过。但是，那些大型企业很大一部分只限于生产粗制品和半成品，它们的产量在整个社会生产数量中的比例也是相对有限的。反之，那些中等工业企业在生产比较精细的产品数量上不断增加，其产量并未减少。在不同企业的各自比例方面，大型企业所吞并的小型企业数量远远超过它所吞并的中型企业，而中型企业几乎成为不同企业发展阵营中不可动摇的一个方阵。当然，这仅仅是一种表面现象，实际上在不同企业发展的阵营里小企业决不占有稳定性优势。在不同企业的发展阵营里，一直有小规模经营的企业被大型工业吞并或者消灭。随着新的技术革命或新的工业形式的发展，资本主义社会不断形成新的中型企业。到处都是不断的运动，旧的营业部门死亡了，新的营业部门又兴起了，并在各个职业门类内部经常发生着变革。假定危机的情况和以前一样，也没有理由希望大崩溃很快发生。社会民主党面临一项无法解决的任务，它既不能用命令废除资本主义，又不能给资本主义提供发挥其职能所必需的那种保证。在这种矛盾中，他们只能忙于奔命，不可收拾，结果只能是惨重的失败。伯恩施坦反对"崩溃论"，认为它不合时宜，而主张"适应论"。

在伯恩施坦看来，随着资本主义社会的不断发展，这种生产制度几乎同时彻底崩溃的可能性不是变得更大，而是变得更小了。他认为，资本主义社会的发展增强了现代工业的适应性，与此同时，也加深了现代工业的分化。在帝国主义时代，交通工具不断完善，世界市场急剧扩张，资本主义信用充分发展，卡特尔、托拉斯等垄断组织逐步涌现，整个社会发展所带来的这些新变化都提高了资本主义经济的"适应性"。世界市场范围的不断扩大，不仅能够使一国所生产的过剩商品在国外找到销路，而且还消除了生产和交换之间的矛盾。随着运输业和邮电业的改善，流通领域获得了进一步发展，在此过程中商业活动也活跃起来。资本主义的信用"扬弃了生产方式同交换方式之间的对立，因为它周期地消灭生产同交换之间的紧张程度的差别"，同时，它也"扬弃了财产关系和生产关系之间的矛盾，因为它通过许多小资本家的结合把巨大的生产力转变为集体财产"[①]。卡特尔等垄断组织已经能够进行"有组织"的生产，在市场过剩时限制生产，使生产能够适应市场的需要，从而"废除剧烈的竞争"，消除生产的无政府状态。伴随着世界市场的世界历史性地扩展，各种信息的传递时间和交通运输的时间耗费都异常缩短，使得商业流通活动中的干扰性因素大大减少。随着欧洲工业国家的财富增长，现代信用制度也获得了充分的发展，现代工业卡特尔如雨后春笋般涌现出来，阻碍资本主义企业经营充分发展的地方性或局部性的各种障碍不断减少。由此，伯恩施坦认为，资本主义生产变得可以"调节"了，在较长时期内像以往那种类型的普遍营业危机也根本不可能发生了，社会民主党必须放弃"崩溃论"的妄想，在政治上组织工人阶级，训练他们行使民主，并本着民主的精神，争取一切适合于改善工人阶级和改造国家制度的改革。

（三）"和平长入社会主义"

1. "和平长入社会主义"的提出

19世纪90年代以来，资本主义从自由竞争向垄断阶段过渡，资本主义处于相对和平的发展阶段。全球经济危机爆发的时间间隔在19世纪30年代之前平均每两年一次，此后危机爆发的时间间隔开始不断延长，使资本主义有

---

① [德]爱德华·伯恩施坦.伯恩施坦文选[M].殷叙彝 译.北京：人民出版社，2008：214.

了相对稳定的发展环境。例如，在1858年经济危机结束后，直到1867年才再次爆发，相隔9年时间。随着资产阶级不断调整各种社会政策，资本主义社会发展越发展现出自身的适应性。由此，伯恩施坦认为通常所说的灾变和崩溃难以爆发，战争和暴力革命方式已经过时。他反对阶级斗争，主张采取一种非敌对、非暴力的、温和的"和平"方式，积极倡导"改良"政策，主张"长入"社会主义。

1890年，伯恩施坦在《社会民主党在议会中的地位》一文中提出通过议会道路走向社会主义的观点。1893年，伯恩施坦又在评论英国医生哈弗洛克·艾利斯的《卫生事业的国有化》一书中指出，"长入"社会主义具有"非常合理的内核"。他认为，"目前的社会本身正在以日益增长的规模发展着那些合在一起有朝一日将形成社会主义社会的基础的经济因素以及政治、社会和道德因素，这一点是绝对不容否认的"[①]，并把由资产阶级国家经营和管理的医药卫生机构看作"将形成社会主义社会的基础的"因素之一。1896年，伯恩施坦在《空想主义和折中主义》一文中，主张资本主义"和平长入社会主义"的观点。1901年，在《科学社会主义怎样才是可能的？》的演讲中，伯恩施坦公然否认科学社会主义的科学性质，建议用"批判社会主义"取而代之。

伯恩施坦坚持"和平长入社会主义"，坚决反对暴力的革命专政。他认为，我们可以发展资本主义制度但是没有必要摧毁它，而对于等级森严的封建主义，则不得不通过武力去摧毁它。现代社会的各种自由制度与那些封建主义制度的区别恰恰在于，这种自由制度是灵活的，它具有不断自我修复和自我调节的能力，它具有自我发展和不断适应的能力。所以，我们没有必要把这种自由的资本主义社会制度炸掉，只需要继续发展它，让它不断发挥其自我修复和自我调节的能力，从而在其自我发展和不断适应的过程中解决自身的各种问题。也就是说，在这种自由的资本主义社会中，我们需要组织和

[①] [德] 爱德华·伯恩施坦. 伯恩施坦言论 [M]. 中共中央马克思恩格斯列宁斯大林著作编译局 译. 北京：生活·读书·新知三联书店，1966：14.

积极的行动，但不一定需要革命性的独裁。随着民主制度影响的不断扩大，工人自身运动的不断发展，整个社会出现了反对资本剥削的社会倾向，但是这并不意味着整个社会的灾变。因此，伯恩施坦认为社会民主党的任务不是要通过暴力革命摧毁这种自由的社会制度，而是在这种自由制度的不断发展中通过自身的实践，促进和保证现代制度向更高制度过渡，使社会主义在资本主义制度内得以实现。同时，伯恩施坦还认为，随着现代资本主义的不断发展，整个社会在不断扩大对经济生活的社会监督，在城镇、县和省建立民主自治，提高这些群体的智力，这些改变都是"走向社会主义"，都是"实现社会主义的一部分"。伴随资本主义社会的不断发展，经济企业也将自然而然地从私人管理转向公共管理。

伯恩施坦认为，民主是实现"和平长入社会主义"的唯一手段和形式，把民主解释为"人民的统治"，这是一个非常肤浅和纯粹形式上的定义。民主的概念包含了一个法定权利的概念，即所有社会成员都有平等的权利。民主对社会主义的实现起着决定性的作用。民主既是手段，也是目的。它既是争取社会主义的手段，也是实现社会主义的一种形式。在欧洲和美洲，民主都被证明是社会进步的强有力杠杆。伯恩施坦认为，如果没有一定程度的民主制度或传统，现在的社会主义学说根本是不可能的，所以，他认为必须把建立一种真正的民主作为当前的最紧急和最重大的任务。争取民主的斗争以及建立政治和经济民主制度，被视为实现社会主义的不可或缺的先决条件。普选权是工人运用民主来实现"和平长入社会主义"的关键。在伯恩施坦看来，民主选举权是工人阶级获得更大权利和实施更多社会改革措施的一个重要杠杆。随着工人数量的增加和知识水平的提高，普选权可以成为工人阶级从仆人变成主人的工具。对于工人阶级来说，给他们普遍和平等的选举权，作为解放的基本条件的社会原则就得到了。利用普遍选举权改造资本主义，工人阶级通过议会，争取实现一系列具有深远影响的经济措施和社会政治措施，依据法律制度，垄断企业部分收归国有，部分归地方公有，组织独立的公共服务事业，提高最低工资额，缩短工作日，促进劳动法的制定。

阶级斗争的文明化是"和平长入社会主义"的最好保证。伯恩施坦认为，100年前，我们需要血腥革命的改革，如今我们通过投票、示威和类似的恐吓手段就能够实现。社会主义的到来或将要到来，是工人阶级将取得胜利果实。随着工人阶级社会影响力不断增强，他们的政治、经济、社会和道德水平也相对提高，同时，工人有组织的创造也同战斗的民主制相互结合起来了。通过工人阶级针对一切反动势力的民主斗争，整个社会的阶级斗争形式变得越来越文明，进而为我们"和平长入社会主义"提供了有力的社会保障。

伯恩施坦认为，资本主义社会组织工人合作社是资本主义"和平长入社会主义"的捷径。"新的经济制度的萌芽"和社会改革措施，就是要在资本主义制度下实行工人合作社。在他看来，我们对社会主义最准确的描述是与合作思想联系在一起的，消费合作社既是克服剥削的手段，也是储蓄银行。资本主义国家能够为了"社会利益"，变私人企业为"公共企业"。资本主义有组织的卡特尔、信托、辛迪加和其他经济形式正在走向公有制，工人阶级可以通过立法的途径征用这些经济组织。生产的联合是为了整体利益，而不是为了股东利益，这就极大促进了整个社会的进步。这种"为社会生产我们就称之为社会主义的生产"[①]。只要企业全体通过法律法规参与经营，就可以使资本主义变成社会主义。由此，伯恩施坦将地方市政自治机构所采取的措施和拥有的公共事业，说成是社会主义的萌芽，把工人争取的劳动立法，如劳动保险、劳资合同、工人参与管理等，说成是社会主义措施，认为它们"包含有工人阶级获得真正社会解放的可能性"[②]。正是通过这些具体的社会主义措施，我们才能够逐渐产生新的社会主义制度。现代生活带来了新的经济体制形式和组织，它在各个方面都把大众的巨大社会利益置于个人和集团的利益之上，由此，我们将其看作社会主义经济体制。但是，我们不可能知道这个体系最终会采取什么形式，我们只能看到这种经济体制发展的

[①] [德]爱德华·伯恩施坦. 伯恩施坦言论 [M]. 中共中央马克思恩格斯列宁斯大林著作编译局译. 北京：生活·读书·新知三联书店，1966：318.

[②] [德]爱德华·伯恩施坦. 伯恩施坦言论 [M]. 中共中央马克思恩格斯列宁斯大林著作编译局译. 北京：生活·读书·新知三联书店，1966：434.

萌芽，看到整个社会经济将如何发展成为这种社会主义经济体制，看到劳动人民正在将其不断地实现出来。面对资本主义社会发展新阶段，针对资产阶级提出的新政策，面对无产阶级和资产阶级关系的新变化，伯恩施坦提出"和平长入社会主义"的观点，在社会民主党内引起广泛争论。

2. "和平长入社会主义"引发的争论

伯恩施坦认为，资本主义向社会主义转变完全可以不通过暴力革命，只要通过民主的力量，凭借普选权的获取，采取议会斗争的方式，"和平长入社会主义"。由于伯恩施坦将无产阶级革命斗争与布朗基主义相混淆，提出了一系列围绕着"和平长入社会主义"的主张，而在这德国社会民主党的历次代表大会上，人们围绕着伯恩施坦所提出的这些主张展开了激烈的争论。

关于夺取政权的问题，卢森堡极力反对"和平长入社会主义"的主张，她坚持"必须努力夺取政权，这一点是永远不容怀疑的"[①]。在资本主义社会的土地上，没有灵丹妙药可以治愈资本主义的无政府状态。夺取权力仍然是最终目标，最终目标依然是奋斗的灵魂。考茨基指出，伯恩施坦将社会民主党人看成是布朗基主义者，想拿一场武装力量的冲突来进行投机。有些人认为，无产阶级可以在没有重大灾难的情况下获得更多的政治和经济权力，社会主义生产方式将逐渐压倒资本主义生产方式，并最终融化在社会主义社会中。考茨基认为，这种思想是非常愚蠢的。尽管马克思曾提出，"在这样的国家里从资本主义到社会主义的和平过渡是可能的"，但是，请注意，这里是说"可能的"，并没有排除灾变。同时，这样的国家，也不具有普遍性，更多强调的是英国这样的国家。因此，在考茨基看来，伯恩施坦"和平长入社会主义"的观点所依据的可靠事实，仅仅是以英国的事实为根据罢了，而在德国是找不到的。

关于民主策略问题，伯恩施坦坚持，必须首先取得民主，然后才能逐步实现无产阶级胜利。但是在考茨基看来，情况恰好相反，民主的胜利取决

[①] 中共中央马克思恩格斯列宁斯大林著作编译局国际共运史研究室. 德国社会民主党关于伯恩施坦问题的争论［M］. 北京：生活·读书·新知三联书店，1981：27.

于无产阶级的胜利,没有无产阶级的胜利,社会民主党就不可能实现真正的民主。历史的进程不是由虔诚的愿望决定的,而是由事实决定的,英国的道路对于德国是行不通的,民主的胜利只能通过无产阶级的胜利才能取得。福尔马尔赞同伯恩施坦的观点,福尔马尔认为,公社简直就是社会民主党的东西,是最大限度的非历史的臆断。福尔马尔还认为,目前生活的时代随时可能发生难以预料的事情,社会民主党可能突然取得政权,因此必须做好行使政权的准备。伯恩施坦和福尔马尔的上述主张实质上不是德国社会民主党的理论,而是布朗基主义。伯恩施坦强调,我们不想通过人为的手段获得政权,而要利用内在的必然性获得政权,只有这种必然性才能保证政权的不可抗性,才能确保获得成功。也就是说,要在各种经济条件已经具备的时候才能做到。我们不能从人民那里骗取政权,不能强取政权,政权应该根据人民自己的意志落到我们手里。如果我们要达到某种目的,那么在各个具体场合什么样的理论在起作用其实是个次要问题。谁在政治上、经济上、精神上,一句话,在文化上提高劳动人民的地位,增强劳动人民力量继续采取斗争,谁就能走上掌握政权的道路。如果不存在这种内在的、自己起作用的动力,那整个宣传工作就毫无价值。

关于改良政策的问题,蔡特金指出,按照伯恩施坦的观点,重点不是如何实现在资本主义社会里夺取政权的问题,而是如何进行个别的、细小的社会改良的问题。我们只有通过逐步的社会改良,才可能为社会主义社会做好充分的准备。用伯恩施坦自己的话说,我们在这儿获得一块社会主义未来国家,在那儿又获得一块社会主义未来国家,我们只需把这一块块社会主义未来国家拼凑在一起就能获得一个未来的社会主义国家了。伯恩施坦这种关于社会改良的"拼图"想法是一厢情愿的,事实上,当无产阶级的、革命的战斗政党在不断同政府、同资本主义国家的进行斗争的时候,当他们在当前社会中通过各种斗争实现社会改良的时候,资本主义国家和政府从来也不曾对工人阶级伸出过慷慨之手,而是始终拿铁拳对着他们。所以,在没有夺取政权的条件下,社会改良是无法行得通的,逐步改良也是无法实现的。正是在这个意义上,卢森堡指出,由于运动向纵深发展,有人开始过高估计建设性的改良工作，产生了机会主义的倾向。

关于无产阶级政党的问题，李卜克内西认为，伯恩施坦陶醉于英国资产阶级巨大民主主义的发展，提出通过民主"和平长入社会主义"的主张。但是，资本主义社会的内在矛盾决定了无产阶级和资产阶级的对立性，无产阶级政党无法通过民主"和平长入社会主义"。在德国没有资产阶级政治改良和持续发展的优点，俾斯麦一直到死都渴望将无产阶级引诱到街垒战当中，唆使他们进行街垒战。无产阶级始终在准备灾变，他们认为灾变是不可避免的，他们在策略和原则上坚定不移地坚持革命斗争。无产阶级斗争的立场是党的力量所在，不坚持无产阶级阶级斗争的党，就不是社会民主党。倍倍尔指出，伯恩施坦总是在极端的矛盾中得出错误的结论，他只选择他愿意看到的东西，而对于看不到的东西则采取胡编乱造的形式。而这里所谈及的随着情况的改变而改变策略的问题即是如此，这本就是全党都承认的自明之理。在德国，通过选举权不是为了赢得什么，更不是对敌对政党的简单支持，而是为了防止某些有害的事。

关于剥削的问题，大卫赞同伯恩施坦的看法，作为政党已经能够实行对资本家的剥夺，只是一部分一部分地进行。在爱尔福特纲领中，关于经济性质的要求就同限制资本主义的财产权利有关。例如，表示要对工资支付的情况进行干预，禁止实物工资制。马克思肯定，通过10小时工作日法案是原则上的胜利。财产私有主没有权力以他的生产资料来做符合他个人利益的事，而是存在着一个社会权力，它在生产资料上拥有社会权力，使资本家丧失它对生产资料的一部分支配权。大卫认为，伯恩施坦将马克思的这句话作为题词放在书的扉页上，来表明他的书的基本思想正是这一观点，而这恰恰被人们所忽略。

3. 伯恩施坦的自我辩护

伯恩施坦辩称，他的见解都是基于对社会现象的考察而获得的。他说自己通过对英国的观察，认识到建立在利益对立之上的社会，资本和劳动之间的激烈斗争是不可避免的。"如果把'和平解决'理解为不断的、在合法斗争的限度内实现的发展，那么今天只能回答说，这种解决至少并不在必然范围之外。社会革命不依赖于暴力的袭击和流血的叛乱。"[①]英国工人有集会和出版的权利,普选权对他们来说只是几年的事情,他们可以如此有力地利用这些权利来表达他们的要求和意图,迟早它们会成为法律。德国在1890年2月帝国议会选举中,社会民主党获得了150万张选票,使他们更加坚定了采取改良主义的和平发展道路的信念。

从现代无产阶级的斗争环境来看,伯恩施坦认为,往日的危险已经不复存在。在马克思、恩格斯创立无产阶级专政理论之初,是针对恐怖时期的统治,而现代无产阶级不再面临那样的危险。资产阶级为了维护自身的统治,采取各种方式对无产阶级革命性进行消解,他们给予工会领导和少数"工人贵族"以丰厚的收入,让他们切身体验"舒适区"的美好,导致无产阶级革命意识弱化,反而使维持现状,逐步改良主义倾向得以增强。在伯恩施坦看来,资产阶级的策略调整充分展现了它的适应性,因此,社会民主党应该立足于德国实际,使社会主义摆脱空想而成为一种有意志的行动的表现,使工人阶级成为有血有肉的现实存在,在政治、社会解放斗争中发挥积极作用。

从社会结构上看,无产阶级队伍更加复杂。伯恩施坦认为,现代工人阶级不是同一种类的群众,他们在财产和家庭问题上同样自由,正如《共产党宣言》中所阐述的那样,相反,在先进的工厂工业中,有一个完全不同的工人阶级等级制度,各个群体之间几乎缺少团结的意识。资产阶级采取各种途径瓦解工人运动,工人阶级在扩大队伍的过程中来源又较为复杂,导致非无产阶级思想被带入。工人运动策略发生改变,倾向于采取合法的议会斗争形式。

关于社会主义的认识,伯恩施坦认为,社会主义是一种与人们的利益和愿望联系在一起的价值观和道德观,通过积极的组织和行动可以逐步实现社会主义。鉴于认真科学地研究科学社会主义的人寥寥无几,他开展了"理论工作",但是,表现出来的却是小市民的想法,一味强调"经济上的自我

---

① [德]爱德华·伯恩施坦. 伯恩施坦言论[M]. 中共中央马克思恩格斯列宁斯大林著作编译局译. 北京:生活·读书·新知三联书店,1966:10-11.

负责原则"的重要性，逐步趋近敌人的理论。他把最新的资产阶级经济学的"真理"端出来，自以为是把马克思理论从伟大思想家已达到的地方又向前"发展"。伯恩施坦将"社会化"作为通向社会主义的唯一道路。他认为，"走上社会主义生产方式的道路就是使生产公有化"①，直接接受某些企业或工业联合体作为国有企业，并且通过法律和法令对企业的经营进行干预。社会化的主要问题是"把生产和国民经济的其他部门置于管理的全面监督之下"②，伯恩施坦认为，通过一项工厂法，使工人参加工厂管理，分享利润，参与决定价格，而不管企业是否按资本主义方式经营。

关于"剥削"的问题，伯恩施坦认为，在当前国家基础上促使社会主义原则取得胜利是有可能的。生产资料私有制今天已经在消失，生产过程和分配过程中的资本主义权利和资本主义权力已经在废除，"剥夺"能够在今天的社会基础上实行。"剥夺"既可以指从某个人那里拿走某件东西，又可以通过一项接一项地夺取他支配生产资料的权利来剥夺他的所有权，在某种程度上说正是从里向外对他实行剥夺，挖空他的财产权利。而这种剥夺不是突然实行，因为这样的剥夺从来都不是突然完成的。如果发生政治上的剥夺，那么对剥夺对象的所有权通常是已经从内部被动摇了。在伯恩施坦看来，实现政治上的突然一挥手来完成最后的剥夺，必须事先完成从里向外限制资本主义所有权，如果让人们简单地夺取机器等，得到的只会是空壳。每一次根据社会的权威性命令缩短劳动时间，资本家就丧失他对生产企业的一部分所有权。

伯恩施坦坚信，"和平长入社会主义"是可能的，资本主义正在进化，资产阶级的特权在政治上不断向民主让步。他还列举了阶段性的标志，如"工厂立法，地方行政机构的民主化及其工作范围的扩大，工会和合作社摆脱了一切法律上的障碍，在一切由国家机关分派的劳动中都考虑到工人组

---

① [德]爱德华·伯恩施坦. 伯恩施坦言论［M］. 中共中央马克思恩格斯列宁斯大林著作编译局 译. 北京：生活·读书·新知三联书店，1966：398.

② [德]爱德华·伯恩施坦. 伯恩施坦文选［M］. 中共中央马克思恩格斯列宁斯大林著作编译局 译. 北京：人民出版社，2008：467.

织"①。由此可见，原本在灾难发生后，应该出现的问题被提上议事日程。从这个角度来看，谈论社会主义的长入是没有错的。

---

① ［德］爱德华·伯恩施坦. 伯恩施坦文选［M］. 中共中央马克思恩格斯列宁斯大林著作编译局译. 北京：人民出版社，2008：102.

第二章　伯恩施坦修正主义的理论实质

伯恩施坦基于新康德主义，主张"回到康德"，以清除马克思主义理论中的黑格尔因素——辩证法，并认为社会民主党应该放弃布朗基主义式的无产阶级革命斗争。这既使辩证唯物主义和历史唯物主义庸俗化、教条化，也使伯恩施坦修正主义理论陷入泥潭，从而导致其理论中充满了思想的混乱和行动的盲动。对此，我们只有坚持马克思主义辩证法，才能澄清伯恩施坦修正主义的理论实质，找出问题的症结所在，进而对症下药，驳斥伯恩施坦的修正主义。事实上，伯恩施坦修正主义实质，就在于用实证性取代辩证性，用局部性割裂整体性，用改良性抹杀革命性。

一、伯恩施坦修正主义用实证性取代辩证性

自然科学的飞速发展，使人们对它充满了敬佩之感。人们将其所蕴含的对事物的实证性态度奉为圭臬，认为其是把握事物的唯一科学态度。正是受这种实证性思维方式的影响，伯恩施坦拒斥马克思主义理论中的辩证法因素，否认辩证法的科学性所在。因此，伯恩施坦仅仅拘泥于资本主义社会发生的新变化，而没有对事实进行现实性考察。他坚持用实证性取代辩证性。这在当时获得海涅、福尔马尔等部分社会民主党内人的支持，更使革命敌人为之欢呼。为了准确理解并且更好地捍卫马克思主义辩证法，我们必须对这些问题进行科学阐释。

（一）批判黑格尔的概念辩证法

1.伯恩施坦提出在历史唯物主义中去掉辩证法

伯恩施坦主张修正马克思的革命理论和唯物史观，去除其中的辩证法

因素。他认为，马克思辩证法所昭示的矛盾观与发展观并不能够实现对当下社会的真正把握，而只有运用斯宾塞的进化论，才能真正地解释当下现实。因此，他坚持斯宾塞的庸俗进化论并公开声称社会民主党必须继承这种进化论。他认为"斯宾塞的公式"①不会引起误会或得出错误结论，必须用斯宾塞的进化论取代马克思的唯物史观，清除掉马克思主义理论中的辩证法因素。在他看来，黑格尔辩证法作为马克思主义理论中的"叛卖性因素"是马克思主义理论的致命缺陷。他指出，在自然和社会历史领域从来不存在任何矛盾，因此也就不存在任何飞跃式发展。这意味着自然和社会的发展只是一种渐进式的变化。这亦是说，在自然和社会历史领域之中并不存在所谓的"肯定——否定——否定之否定"的结构或公式。

就此，伯恩施坦主张"矛盾融合论"，放弃无产阶级"革命权"。伯恩施坦在《辩证法和发展》一文中歪曲马克思、恩格斯的相关理论。他的做法就是彻底否认对立面的斗争是一切事物发展的动力，以"矛盾融合论"和斯宾塞的庸俗进化论代替马克思主义理论的革命辩证法，为自己的右倾机会主义思想提供哲学论据。伯恩施坦认为自然界的矛盾只是自然观中的矛盾而已，相似力量的合作才是社会发展的巨大动力，否则就无法理解社会成员何以能够建立共同生活的和谐社会。伯恩施坦攻击恩格斯关于社会民主党不能放弃"革命权"的论断，他依据资本主义发展的新变化，认为没有研究"革命权"的必要。伯恩施坦认为没有人会支持采取暴力行动去推翻经民主选举而建立的政府的主张。在所谓"情况已经发生巨大变化"的口号下，伯恩施坦反对阶级斗争——这种长期以来一直强调残酷暴力的革命行动，主张通过"改进和扩大"现有的政治和经济机构就能实现社会主义。

2.伯恩施坦制造恩格斯和马克思对立

伯恩施坦在进行理论阐释时，存在着刻意抬高恩格斯而贬低马克思的倾向，他甚至借用前者来反对后者。伯恩施坦特别重视恩格斯在后期对马克

---

① 进化是恒久、普遍的，进化本身是按均衡方式进行的，没有飞跃和突变，和谐是一切运动的必要性。参见葛力.现代西方哲学辞典[M].北京：求是出版社，1990：500.

思相关观点的修正。但事实上,在伯恩施坦看来,虽然恩格斯后来对早期的观点进行了部分改正,但是由于恩格斯仍然坚持着黑格尔的辩证思维方式,所以他并没有实现对错误观点的彻底修正。这意味着恩格斯仍然无法真正地摆脱马克思的阴影。伯恩施坦认为,只要恩格斯还继续坚持辩证法,那么对社会历史发展的把握就必然是脱离实际的,无法对变化做出充分的说明。所以,在伯恩施坦看来,马克思、恩格斯对社会历史所做的研究与揭示虽不乏精细,但却与现实相差甚远。因此,他主张继续对马克思主义基本原理进行修正,以适应资本主义的新变化。

伯恩施坦像所有资产阶级理论家一样不喜欢马克思、恩格斯的辩证法——批判的和革命的学说。伯恩施坦认为,辩证法以其神秘化的形态在德国盛行,它看起来仿佛是歌颂现存事物状态的,但究其实质而言,"辩证法,在其合理形态上,引起资产阶级及其空论主义的代言人的恼怒与恐怖,因为辩证法在对现存事物的肯定的理解中同时包含对现存事物的否定的理解,即对现存事物的必然灭亡的理解;辩证法对每一种既成形式都是从不断运动中,因而也是从它的暂时性方面去理解;辩证法不崇拜任何东西,按其本质来说,它是批判的和革命的"[①]。

实际上,辩证法既是科学性认识的内在结构与必然要求,又是马克思关于社会历史发展的科学的基础。伯恩施坦没有意识到辩证法的重要性,而认为它不过是马克思主义学说的"叛卖性因素",进而对其进行驳斥。他指出,对辩证法的运用实际上就是离开事实基础而陷入概念演绎。这亦是说,如果坚持用辩证法去理解和把握现实社会,就是脱离人们通过经验所获得的事实基础而进行空洞的概念演绎。因此,只要马克思主义理论还坚持黑格尔的辩证法,那么马克思主义理论就无法避免黑格尔曾深陷其中的思辨形而上学玄思,亦即用抽象的概念自我运动代替现实的具体运动。这是黑格尔辩证法的最大缺陷,也是马克思主义理论在运用黑格尔辩证法时所面临的巨大危

[①] [德]马克思,恩格斯.马克思恩格斯选集:第2卷[M].中共中央马克思恩格斯列宁斯大林著作编译局 译.北京:人民出版社,2012:94.

险。他认为，虽然在某些情况下，运用辩证法可以实现对某些对象的说明与阐释，如关于现实对象之间的相互关系以及一些科学问题的阐释，但是如果在这些阐释的基础上进行进一步推论与演绎，则会陷入任意构造的主观主义困境之中，妨害理论的科学性。

对此，伯恩施坦认为，研究的对象发展越复杂这种危险就越大。在伯恩施坦看来，当人们面临简单的客体对象时，人们可以通过经验判断和基本的逻辑推理能力，预防辩证法带给我们的理论危险。因为，我们可以基于当下的事实，通过逻辑推理能力，预见到必然性之外的可能性结论。但是，一旦人们面对复杂的客体对象，情况就不同了。因为，对象越复杂，其间的相互关系也越复杂；其要素数目越多，其本性也就越具有多样性。而面对这种多样性，辩证法提供的"公式"是没有办法将对象的本质真正地、清晰地呈现出来的，只能基于一些前提进行主观的概念演绎。因为根据辩证法，人们在面临复杂的对象时，是没有一个清晰确定的标准的，也不会坚持一个确定标准。而只有坚持清晰确定的标准才能够真正地把握对象。所以，伯恩施坦拒斥马克思主义理论中的辩证法因素，进而反对马克思关于社会发展所做的规律总结。他认为，只要马克思主义理论中还有黑格尔因素的残留，那么其必然就会脱离现实的经验基础，而陷入纯粹主观的概念演绎之中。

伯恩施坦通过片面性和碎片化方式歪曲马克思主义。伯恩施坦以不再能印证重大的历史事变为理由反对马克思主义学说。因此，他致力于简单地捉住马克思、恩格斯的只言片语去歪曲解释他们的学说。马克思主义理论指出了各个历史时期人类社会发展的历史形式，虽然在预言具体的历史事变时确实出现了失误，但这些预言中有很多内容都是非常准确的。马克思、恩格斯在做这些预言时，并不像伯恩施坦所说的，是那种不注意自己的预言是否同社会发展理论相矛盾的蠢人。然而，伯恩施坦却把马克思、恩格斯的意义最明确的话看成是"历史的自我欺骗"。伯恩施坦认为，马克思、恩格斯在《共产党宣言》里关于德国无产阶级革命的预言是历史的自我欺骗。但是这个预言的一部分事实上不到两年就应验了。一般地说，马克思、恩格斯有时所做的预言是有条件的，决不能说他们对于德国及其无产阶级的经济和社会发展有任何幻想。马克思、恩格斯的预言是政治家和党的领导人的预言,他们的目的在于鼓舞无产阶级进行社会运动,这些预言是为了号召无产阶级组织起来进行斗争,而且这些预言也丝毫没有降低社会发展学说的科学价值。恩格斯在《1848年至1850年的法兰西阶级斗争》序言中曾提到"历史表明我们也曾经错了"①。这被伯恩施坦认为是恩格斯公开承认了他和马克思年轻时所犯过的错误。伯恩施坦还在恩格斯去世后把各种各样的"自愿的承认"强加给他。伯恩施坦非常清楚,恩格斯由于仍然坚持马克思主义辩证法,所以决不会接受对马克思主义理论的修正。所以他只能夸大恩格斯晚年对相关理论的修正,刻意制造马克思与恩格斯之间的对立,以为自己的修正主义理论铺路。

伯恩施坦指出,当马克思将黑格尔的辩证法结合到自己的理论中时,必然陷入概念的自我演绎之中,从而实现的不是对历史的真正揭示,而是一种对历史的自我欺骗——自以为把握了历史,实则相去甚远。马克思虽然对历史、哲学、经济学等做了深入研究,但由于其坚持黑格尔的辩证思维方式,所以他仍难跳出空想的窠臼,陷入任何政治梦想家都难以摆脱的对历史的自我欺骗。而且,马克思所生存的动乱时期,更加促使马克思紧紧抓住辩证法,使其在自我欺骗中越陷越深。由此,人们看到的仅仅是马克思对社会发展方向的过高估计,一种对社会发展方向的纯粹思辨的分析。但事实真的是如此吗?伯恩施坦显然没有理解黑格尔所坚持的思维和存在或者说精神和现实的统一,而是站在康德的二元论上将两者割裂开来。伯恩施坦没有把握马克思、恩格斯对黑格尔辩证法的合理内核的批判继承,他只能从外围的视角做出判断,从而对事物的发展做出一种纯粹主观的臆断。伯恩施坦无法像马克思、恩格斯那样对黑格尔辩证法批判地吸收,真正地进入事物内部,将事物自身视为构成整体的一个有机环节。

对伯恩施坦来说,马克思的辩证法不是马克思学说的"基本"部分,

---

① [德]马克思,恩格斯. 马克思恩格斯选集:第4卷[M]. 中共中央马克思恩格斯列宁斯大林著作编译局 译. 北京:人民出版社,2012:382.

只是"应用的"并变化着的部分，因此，辩证法就是与马克思主义学说完全背离的东西。然而，事实上，马克思的历史学说，抑或说，历史唯物主义，并不是辩证法在社会历史领域的简单应用。伯恩施坦看不到的是，社会历史的发展本身就是一个具有辩证结构的发展过程——其在黑格尔那里是以思辨的、泛逻辑化的面貌呈现出来的，而马克思恰恰实现了对黑格尔唯心辩证法的唯物主义改造。因此，正是社会历史发展所具有的辩证结构，才要求马克思运用辩证法对其进行具体的把握，从而真正地展现事物发展的本来面貌。这也就是说，辩证法之于唯物史观并不是一个外在的、被应用于其上的方法论工具，而是作为对社会历史发展规律的深刻揭示的唯物史观的必然要求。而恰恰是伯恩施坦由于对社会历史所具有的辩证结构视而不见，仅仅将其视作一种既成的、有固定标准的东西，从而背离了辩证法，破坏了马克思主义理论的科学性。因此，伯恩施坦坚决反对辩证法。他认为，辩证的社会发展观只是为社会民主党的革命策略提供论证而已。伯恩施坦没有把握黑格尔辩证法的实质——这就是任何现象都应在它们的发展过程中、在它们的相互联系中加以考察，而不是像形而上学那样在停滞的形式中加以考察。例如关于人的生死问题，在形而上学看来，死是与生对立的一种现象，一种外部的现象，但辩证地看来，生死却是同一个发展过程的两个环节。这就是说人同时既在生活也在死亡，因为生本身带着死的萌芽。无论是自然界的发展或是社会中的发展都是如此辩证地进行的。任何现象本身都蕴含着否定性，随着否定性的发展这个现象逐步转变为它的对立面。相反，对于坚持形而上学观点的人来说，一种现象的产生和消灭表现在它的大小逐渐增加或逐渐减少，直到它完全消失。可见，这种形而上学发展观只是呈现了种种现象所发生的数量的改变，而没有其他说明。也就是说在形而上学看来，发展仅仅体现为数量的转化，因此无论在自然界或人类社会都没有飞跃。但事实是自然界或社会中发生的变化不仅在于一种量的转化，而且在于质的转化。例如氧气是由两个氧原子构成的，如果再加一个原子，就变成了臭氧，臭氧与氧气具有不同的质。一个碳原子和四个氢原子组成甲烷，如果在碳原子上再增加一个碳原子，在氢原子上再增加两个氢原子，那么就得到乙烷，这是一种具有全新的质的物质。自然界和人类社会中的运动和变化就这样处处表现为质量互变的过程。因此，社会历史的发展绝不是单一的量的变化，而是量变与质变的辩证统一。也就是说，社会历史的发展不仅包含渐变的过程，而且也包含革命性的飞跃。

具体说来，马克思关于社会历史发展的规律总结是基于对现实社会历史的考察得出的。马克思虽然面临的也是经验事实，但马克思并没有孤立地、抽象地面对经验事实，对经验事实做一种外在的普遍性总结，而是深入社会历史现实之中，揭示其所具有的辩证结构，真正向人们呈现社会历史的"事情本身"。例如，马克思分析社会形态的发展过程时，将其划分为人的依赖性、建立在物的依赖性基础上的人的独立性和人的全面而自由的发展三个阶段，并指出，三个阶段的发展是生产力与生产关系的矛盾运动的结果。也就是说，马克思在对人类社会进行分析时，并没有局限于简单的经验，并对简单的经验进行抽象总结，而是深入现实之中，为人们揭示出现实发展所具有的辩证结构。这就说明，马克思并没有陷入黑格尔的那种形而上学的"概念自我演绎"之中，而是真正地把握住了社会历史的具体现实。

恰恰是伯恩施坦对辩证法的抽象理解，将辩证法视为一种概念的自我运动，才会认为马克思陷入抽象的概念演绎之中。而这一点表明，伯恩施坦并没有理解马克思的辩证法，甚至连黑格尔的辩证法都没有理解。恩格斯在致伯恩施坦的信中提到："如果第二章里的黑格尔用语使你们感到困难，那么干脆在稿子上空着，由我来填；在德文本中，应当准确沿用黑格尔的专门术语，不然就会不可理解。"[1]恩格斯致康拉德·施米特的信中也指出："如果把马克思从商品到资本的发展同黑格尔的从存在到本质的发展做以比较，您就会看到一种绝妙的对照：一方面是具体的发展，正如现实中所发生的那样；而另一方面是抽象的结构，其中有非常天才的思想和部分地方极为正确的转化，如质和量的互相转化，被说成一种概念向另一种概念的表面上

---

[1] ［德］马克思，恩格斯. 恩格斯与伯恩施坦通信集（1879—1895年）[M]. 梁家珍 译. 北京：人民出版社，1982：326.

的自我发展。"①可以说，只有理解黑格尔的辩证法，才能够理解马克思的辩证法。换句话说，只有把握住黑格尔辩证法的缺陷所在，才能理解马克思对黑格尔辩证法的伟大拯救。黑格尔曾指出具体是许多规定的综合，是多样性的有机统一。只不过，这里的具体是黑格尔在思维或思想的意义上去谈的，而且黑格尔认为，人们所身处于其中的现实，仅仅是具体思维的外化，思维是整个社会历史发展的起点。也正是在这个意义上，黑格尔的辩证法是一种唯心主义的辩证法。对此，马克思曾指出，黑格尔只是为历史寻找到了一种思辨的、泛逻辑的表达方式。而马克思对黑格尔辩证法的唯物主义拯救则在于，对思维与存在关系的唯物主义阐释。马克思认为，思维不是现实的起点，相反，现实应该是思维的起点。作为思维的具体是现实在头脑中的具体再现。因此，马克思辩证法并不是概念的自我运动，而是对现实的具体反映。但这里需要注意的一点是，以往的哲学家和政治经济学家，做到的仅仅是对现实的抽象把握。就此而言，现实在他们那里仅仅是现存之物。而只有真正地把握到现实的辩证结构，并通过辩证法将这一现实的辩证结构呈现出来，人们才能够真正打开所身处于其中的社会现实。

3. 伯恩施坦形而上学方法的实质

伯恩施坦曾对杜林极为崇拜，把杜林看作一名社会主义者，他认为杜林用无人能及的科学激进主义弥补或者说继承了马克思的思想。所谓杜林的"科学主义"就是运用知性的思维方式，孤立地看待事物——将事物划分为相互独立的简单要素，并用一些众所周知的公理对这些要素进行整合，从而得出相应的结论。这种"科学主义"无非是黑格尔所批判的"外在反思"，即用一条外在的普遍性原则去统摄人们所面对的特殊事物，并将这种外在的普遍性原则视为事物的本质所在。这种外在反思无非是一种先验的建构，从预先建构的先验原则出发，去统摄事物，以期获得对事物的理解和把握。因此，其不是从对象出发，而是从自身出发，不是为了确证对象而是为了确证

---

① ［德］马克思，恩格斯. 马克思恩格斯选集：第4卷［M］. 中共中央马克思恩格斯列宁斯大林著作编译局 译. 625.

普遍性原则本身。换句话说，其不是根据对象自身得出对象所具有的特性，而是先验地设定对象的存在规定，并从这种抽象的存在规定中推导出关于对象的一些特质。因此，其不是坚持概念应当符合对象，而是坚持对象应当和概念相适应。所以，杜林的科学主义丝毫没有触及事情本身，仅仅是一种主体性的原则的投射，一种主观原则的抽象演绎。因而，哲学在杜林那里就成为一种纯粹的意识形态，它不是从现实本身出发去接近和把握现实，而是从观念推出现实。当一个意识形态家不是从现实的社会历史中，而是从一种具有先验性质的抽象普遍性原则出发去构建社会中所需要的——道德、法的观念——上层建筑时，那些作为基础的所谓的"现实内容"，不过是这些意识形态家从自己的意识中带进去的内容罢了。这导致的结果只能是意识形态家在自己的头脑中制定适用于一切社会和时代的、自古以来就没有改变的关于伦理和法律的学说——其构成了关于那个时代的革命潮流。其拒斥现实的社会历史，而仅仅进行了一种扭曲的漫画式的表达。而这就是与马克思、恩格斯的唯物主义辩证法相对立的，在资产阶级思维中占统治地位的形而上学方法。形而上学方法孤立地考察事物及其在人脑中的反映（概念），把它们当作始终如此、固定不变的东西。而辩证法对事物及其在人脑中的反映、事物的精神形象或者概念的考察则是在相互联系、相互作用中实现的，亦即在运动、在生长和消亡的过程中，从而是在其发展中实现的，进而揭示出它们是普遍发展的结果。根据辩证方法，任何自然现象或者社会事件都是长期的发展过程的结果。现代的社会状况、现代资产阶级社会也是延续了好几百万年的人类发展过程的产物。而只有把人类社会看作发展过程，看作事物之间的普遍相互作用的过程，我们才能实现对它们发展的真正把握。在社会历史发展过程中，资产阶级社会所具有的必然性只是历史的、暂时的，而社会主义社会必然会代替资产阶级社会。这就是唯物史观表征的历史辩证法的本质所在。而只有把宇宙和人类社会看作发展过程，看作物体、现象及其思想形象的产生和消亡之间的普遍的相互作用的过程，我们才可能构成关于它们、关于它们的发展、关于物体的发展及关于物体的思想形象、关于物体在人脑中的反映的确实概念。在辩证发展中占统治地位的是必然性。在发展过程中资产阶级社会既是必然的，而社会主义社会之代替它也是必然的。作为马克思、恩格斯的唯物主义的基础辩证方法，其实质就是如此。因此，这种唯物主义也就称为辩证唯物主义。可见，辩证唯物主义是科学社会主义的哲学基础，是马克思、恩格斯关于社会发展、关于进步、关于认识的学说的哲学基础。对于马克思、恩格斯著作和思想的理解，只有没有接受过辩证法训练的人，才会感到很多内容都难以理解，只要认真努力，这个从人类发展过程的深处流出的、清澈得可以数出泉底的每粒沙子的认识的清泉，就能出现在每个具有健康头脑的人的面前。而伯恩施坦曾指出："我的思想方法使我更适合实证主义的哲学和社会学学派。"他通过不偏不倚的事实的直观而对马克思学说进行批判。那么，伯恩施坦是如何认识精神武器批判的必要性的，他的事实依据在哪里？他的分析是否符合社会现实？伯恩施坦对直观事实的实证理解是否违背了马克思对社会现实的辩证分析？对于这些问题的回答，恰恰需要我们进一步对伯恩施坦的直观事实理论进行探索。

（二）直观事实而歪曲现实运动

1. 检视精神武器的必要性

19世纪下半叶被认为是"实证的时代"，人们全力以赴地追求某些具体目标，坚定不移地去努力实现这些目标，并在完成这些任务的过程中获得满足感。所以这样的时代也可以被描述为科学时代、技术时代或者政治时代。①这一时代的科学精神认为所有的知识都是通过人的理性反思获得的。而理性反思的本质就在于先做出一些理论假设，然后通过对事实的考察，验证这些假设的真伪。正是基于这样的认识，伯恩施坦认为检视一下这个时代的精神武器是必要的。

总体看来，虽然社会民主党在一切国家都正在明显地发展壮大。但如果试图以此断定人们处于社会主义胜利的前夜，人们即将迎来社会主义，却是一种武断的说法。因为尽管社会主义思想已经得到广泛传播，但现实情况

---

① ［德］文德尔班. 文德尔班哲学导论［M］. 施璇 译. 北京：北京联合出版公司，2016：序言9.

已经发生了变化——在生产、流通、交换、分配等领域发生的变化表明过去尖锐的阶级矛盾已经得到缓解。因此，在工人运动中，社会民主党的主要策略应该予以调整，不应再坚持批判的立场，而是应该采取一种和平的改良态度，亦即要提出积极的改进建议，努力发挥工人阶级或代表工人阶级的政党的重大影响。乔治·萧伯纳指出，"虽然在英国，社会民主党还未能完全凭自己的力量获得国会里的代表席位，还未能给自己的候选人收集10万张选票，但是在立法方面已经表现出来日益增长的社会主义倾向"。[①]对此伯恩施坦表示极力赞同，认为这是无可争辩的事实。英国和德国比起来，社会主义的经济前提和其他社会前提总的来讲较为进步，各资产阶级党派对适应时代的社会主义要求也不那么敌视了。

因此，从否认资本主义生产方式的对抗性出发，伯恩施坦进而否认了马克思剩余价值学说所揭示出来的资产阶级与无产阶级的尖锐对立。他认为，现代资本主义社会中的股份制的发展、中产阶级的形成、工人生活的改善都推翻了马克思关于资产阶级与无产阶级尖锐对立的论断，从而否认了资本主义生产方式的内在矛盾与冲突。据此，伯恩施坦认为剩余价值理论仅仅是一个主观的、有待证明的假设。

伯恩施坦认为，面向社会的生产就是具有社会主义性质的生产。社会是一个有机整体——由各个部分紧密联系起来的社会有机体。在这个有机体中，卡特尔和辛迪加是使整个工人大军从事生产活动的个体经济的联合，是对有机体的生存行使巨大权力的"警察"。拥有这种权力的人既不是创造性地从事生产的人，也不是领导生产的人，而是那些手里持有公司股票的人。这意味着，必然存在着一部分人可以凭借其阶级地位，无须从事其他劳作就能获取收入。但随着辛迪加、卡特尔和托拉斯等垄断组织在资本主义社会中的发展，生产力越来越显示出它的社会性，从而使其具有社会主义性质，而资产阶级将逐渐放弃它的统治。在他看来，市政社会主义政策、国家对私人企业的干涉、工人消费合作社等就是资本主义制度下新的社会主义制度的

---

① [德]爱德华·伯恩施坦.伯恩施坦文选[M].殷叙彝 译.北京：人民出版社，2008：15.

"萌芽"。他相信人类不会停留在当前的经济阶段，而是会过渡到一种新的更高的形式。对于一定的生产部门，整个生产日益集中在一个大的资本主义的组合手中，凡是条件已经成熟的地方，只要一个步骤就可以剥夺这种资本主义的结合，使得联合生产不再为股东进行，而是为社会进行。这种面向社会的生产就被伯恩施坦认为是具有社会主义性质的生产。这个经济形式本身就是向着公有化前进的。在这里社会主义萌芽正在发展，它们最终将成为一种新的经济形式。国家和地方城市之间的组织联系、劳动分工，经济任务的经济形式是从一般利益的角度逐步处理的，无论是个人的还是通过他们建立和监督的公共机构。

从城市管理方面来看，社会民主党的根本任务在于促进政策的调整。在资本主义社会发展不充分的时候，城市居民主要由农民和手工业者构成。城市领导的任务较少，对清洁的要求也不高，土地价值很小，对城市来说几乎算不上有什么管理任务。现在这种情形则发生了根本的改变。各种不同方面的管理任务不断增加。在现代城市中随着城市土地高利贷和土地投机的发展，土地价值不断增加。城市居民须向土地所有者缴纳贡税，人们对此感到越来越不满意。不能把这件事委之于经济力量的自发调节，因为这将导致租金经常地上升，土地就会越来越多地为土地所有者生利。市政机关必须阻止这种活动，而要彻底做到这一点，就只有把土地完全转为社会所有。

从城市交通政策和城市住宅政策方面来看，新政策的制定和实施也是必要的。为了满足人们对住宅事业的文化生活和卫生设施不断提高的要求，政府必须推行一种完全不同的市政政策，并确保它得以有效贯彻落实和发挥多数市民根据民主权利在市政管理上的决定性作用。城市承担的市政工程愈多，它本身直接或间接使用的工人也愈多，这就有必要制定一个适当的市政工人政策，这将进一步推动城市的地方民主化，并且进一步推动把作为总体的经营者的城市作为总体的利益而组织起来。在这种要求上升的阶级中，特别是工人阶级不断加强的压力下，新的社会主义的萌芽就继续不断地发展。在交通管理上，国家的任务也与过去完全不同而且增加。它必须将交通一部分不断加强监督和调整，一部分将经营管理交通工具的事情拿到自己手里。

个人产业或个人权利会阻碍经济生活并带来一定的损害，因此，国家必须为了社会的利益对这种阻碍加以干涉，变私人企业为公共企业。

伯恩施坦认为，社会主义经济制度的本质就在于必须把大众的巨大的社会利益置于个人和集团的利益之上。但对于它最后采取什么组织形式，我们是不知道的，而且也没有必要知道。我们只需要知道社会在不断地发展着，而且是稳步地向社会主义迈进就足够了。因此，伯恩施坦认为"社会主义的最终目的微不足道"。我们只要能够看见社会主义社会的萌芽在广大人民群众的推动下发展着就足够了，"运动就是一切"。

面对工人阶级发展呈现的巨大变化，伯恩施坦做出了这样的判断：现在已经没有奴隶经济了，而是以一个在数目上异常庞大、精神上百折不挠的工人阶级作为经济的基础。对于已经产生觉悟到要求自决的工人，他们作为生产者虽然仍是从属的地位，但是作为公民则是独立的，并且由于阶级地位的提升，他们越来越多地要求公民权利。事情的发展之所以会是这样，是由现代工人阶级的发展变化所造成的。他们的人数在不断地扩大，他们的社会地位日渐提高，而且最重要的是，他们已经处在公共生活的中心。因此，在巨大的经济往来的关节点上，他们是最为强大的存在。从所有这些事实看来，人类不会停留在目前的经济阶段上，而是要过渡到经济和文化的一个新的同时又是较高的形式。伯恩施坦认为，必须预期现有机构的生命将比以前假定的更长更灵活，斗争的实践必须按照这一预期进行。

2. 伯恩施坦的"事实"呈现

在伯恩施坦看来，社会民主党内有一种信念，认为最终将有一次巨大的经济危机带来决定性的社会崩溃，从而"一下子"进入社会主义。这条发展道路是不可避免的自然规律。巨大的、囊括一切的经济危机是通往社会主义社会的必经之路。它还显得是最稳妥、最短的道路。伯恩施坦认为，人们已经习惯于几乎只根据对这个看法有利的事实来研究各种经济过程和结论，而且只关注这些事实，他们认为这场巨大的救世危机不可能在遥远的未来。

1896年，伦敦国际社会主义者代表大会认为，当时正处于经济危机随时爆发的阶段。因此，大会呼吁所有国家的工人学习如何管理生产，以便作为有阶级意识的工人，从而为了共同利益来接管生产。这意味着迟早会出现一场巨大的商业危机，由此引发的贫困将引发人们对资本主义经济制度的强烈反感，使人们相信在这种制度的统治下，资产阶级不可能为了公共利益而管理现有的生产力。由此，反对这种制度的运动将具有资本主义不可抗拒的力量，在这种力量的压力下，资本主义制度本身将不可逆转地崩溃。简言之，资本主义的经济危机会立刻变为全面的社会危机，而这种危机最终造成的就是资产阶级统治的崩溃。由此，无产阶级将作为唯一具有阶级意识的革命阶级代替资产阶级管理社会——实行无产阶级专政。在无产阶级专政的条件下，原来的、旧的资产阶级社会会转变为新的、社会主义社会。

  然而，伯恩施坦不认同社会民主党对于当时资本主义社会即将崩溃的判断，并列举了大量数据为其修正主义理论证明。他指出在资本主义社会发展中仍旧有小企业和中等企业的一席之地，它们不仅被保留下来而且得到了进一步发展。在伯恩施坦看来，资本主义社会仍然具有这些企业生存的土壤。他列举了工业、商业和农业等各方面的调查材料进行说明。伯恩施坦认为，在资本主义大工业中，小企业和中等企业与大企业一样具有良好的经济适应性。小企业在许多场合能够满足消费者对产品的直接需求，如面包制造业。更值得关注的是，大企业能够给予小企业和中等企业巨大的保障，既为它们提供初步加工过的劳动材料，又为它们提供有经验的从业人员。随着资本主义社会的发展，市场对于新商品的容纳能力不断提升，各种新资本也不断涌现。因此，在资本主义社会内部，工业分类和企业组织不断发生改变，但是从当前的实际情况来看，并不是如马克思、恩格斯所强调的那样——大企业将小企业和中等企业吞并使之消亡，而是呈现出这些小企业和中等企业与大企业并存的状态。①伯恩施坦还指出，在许多场合，大企业和小企业之间根本不存在竞争。伯恩施坦特别指出，马克思、恩格斯关于纺织业情况的说明是不真实的。他认为马克思、恩格斯只是在孤立地看待机器纺纱机相较于旧式手摇纺车而言所表现出来的较高的生产率，但是没有看到在许多大企业中

---

① ［德］爱德华·伯恩施坦. 伯恩施坦文选［M］. 殷叙彝 译. 北京：人民出版社，2008：199.

劳动生产率的提高只不过是企业的规模所带来的结果。在伯恩施坦看来，那种认为大企业能够在可预料的时期内把小企业和中等企业完全吞并的观点纯粹是空想。

因此，伯恩施坦认为尽管现代资本主义社会表现出相当强烈的经济流动性和不稳定性，但是社会的收入或财产的迅速增长却是真切的事实。资本主义社会各领域之间的矛盾和对立在减少或消失。如果社会阶级对立的尖锐化体现在中产阶级——小企业主和中等企业主——的消失，社会中只存在大资本家和广大的无产阶级的话，那么伯恩施坦所处的年代，在其看来，却是这种状况最不明显的时代。因为在任何经济部门都没有小企业和中等企业的急剧减少。特别是在商业里，无论这种企业的经营境况多么窘迫，无论各类企业的队伍中随时有多少"浮游"，它们的死灭对全局来说都是无足轻重的，总的情况并不因此而有所改变。尽管大企业和巨型企业的不断向上增长是客观事实，但这也不表明大型企业的增加必然就意味着中型企业的减少，两者之间是一种共存关系，而不是彼此间的生存竞争。

此外，伯恩施坦认为，当时德国工业、商业和农业中的经营的分散情况，将使社会民主党的斗争策略破产，亦即不可能指望在社会危机的总崩溃中通过一次暴力革命来掌握政权。革命不能推翻资本主义，因为在当前的历史条件下，生产力的发展根本离不开资本主义的生产方式；而社会民主党对生产力的发展又无任何助益。在这种矛盾下，社会民主党的斗争只不过是疲于奔命罢了，其结果只能是一个惨重的失败。那种认为资本主义生产方式由于自身固有的无法克服的矛盾注定会彻底崩溃的看法实际上是站不住脚的，因为它完全忽略了不同工业部门在发展过程中的不同差别，以及在发展过程中所体现的公共服务性质——社会性。当时欧洲各国社会民主党认为既有的生产制度会在可预料的时期内同时崩溃，但在伯恩施坦看来，资本主义的崩溃随着社会的发展不是可能性更大了，而是可能性更小了。因为社会发展一方面提高了工业的适应能力，另一方面也加深了工业的分化。社会民主党人指望随着这样一次崩溃而发生的人民起义会以很快的速度使事情发展到最高程度，但是在伯恩施坦看来，他们只是把法国大革命的历史想当然地套用在当代社会。实际上,他们对封建主义与自由主义、封建房地产与现代工业之间的巨大差异一无所知。封建庄园可以分割开来,分片出卖,但对现代工厂却不能这样处理。按照公社的公式加以剥夺的工厂愈多,要想在起义中使它们继续开工就愈困难。以起义的方式掌控和处理现代工业,反倒会进一步抑制无产阶级革命。

谁也不能预先决定未来,我们只能按照我们所看到的事务来规定我们的斗争方向。社会民主党根据对社会的发展趋势所做的分析来制定纲领,并且投入全部力量进行斗争。社会民主党进行斗争,并不是要一夜之间就建立政权,而是出于这样的意图——确保工人阶级日益增强对立法和整个社会生活的影响,为工人阶级争取越来越好的生活条件。因此,把争取政治权力的斗争仅仅看成争取国内统治的斗争是荒谬的。现在社会主义制度的许多方面已经得到实现,因此,社会主义在一部分一部分地实现着。随着经济的发展,资本主义企业将逐步由私人管理向公共管理转变。

基于此,伯恩施坦提出"最终目的"微不足道,"运动就是一切"。他指出,社会民主党此时的任务不是领导无产阶级革命,推翻资本主义制度,不需要也不必要等待资本主义的崩溃,而是应该将工作重心放在组织工人积极融入民主,推动社会的民主化进程。结社权、有效的保护法和政治选举权能够有效地实现工人的财富增加,从而增加社会财富。对于社会民主党反对扩大市场的主张,伯恩施坦认为这种主张仅仅是一种空想。因为市场和国际贸易关系的扩展是社会进步的最有力的杠杆之一。它们能够极大地促进生产力的发展,进而增加社会财富。就此而言,资本主义社会财富的不断增加为逐步实现社会主义奠定了坚实的物质基础。

3. 伯恩施坦对直观事实的实证理解违背了马克思对社会现实的辩证分析

对于资本主义的发展,马克思、恩格斯虽然无法做到精确预测,但他们是做到了正确把握的。但为什么面对同样的现实发展,伯恩施坦却做出与前者完全相反的论断,背离了马克思主义的基本原理呢?其原因就在于伯恩施坦用对社会现实的实证直观代替了对社会现实的辩证分析。

事实上,马克思、恩格斯并不是对现实的发展视而不见,仅仅局限在理论的构建之中，而是关注着社会现实的发展的，并在此基础上进一步发展、完善其相关理论，从而实现对社会现实的真正把握。在《1848年至1850年的法兰西阶级斗争》中，马克思首次尝试从唯物论的角度基于现实的经济状况来说明现代史，并提出一些关于历史发展的基本原理。对此，恩格斯曾指出，最近的25年，情况虽然有所变化，但其中"所阐述的一般原理整个说来直到现在还是完全正确的"①。同时，他也指出，某些地方确实也是需要修改的，因为这些原理的实际运用必须结合现实状况，随时随地因历史条件的改变而改变。恩格斯在编辑《资本论》第三卷时也毫不犹豫地把以前他和马克思主张的10年危机周期的思想当成过时的了。随着远洋轮船、铁路、电报、苏伊士运河等交通和通信工具的发展，欧洲过剩的资本在世界各地开拓了广泛多样的投资领域，进而在一定程度上消除或削弱了多数旧的危机根源或因素。因此，恩格斯推断，资本主义经济危机的发生周期在时间上可能会有所延长，但决不会随着资本主义的发展而被彻底消除。各国资产阶级之间结成的关税同盟，以及在资本主义生产方式中形成的卡特尔、托拉斯等垄断组织，虽然会在一定程度上缓解危机，甚至暂时阻止危机的到来，但其最终会在更大的规模上使危机剧烈地爆发。事实上，资本主义的新发展，不是在解决自身固有的矛盾，而是在加深自身的矛盾与冲突。总的来说，马克思、恩格斯在进行理论阐发时，是时刻关注着现实的发展的，并根据现实的发展，不断地完善自己的理论。马克思与恩格斯之所以能够做到这一点，就在于坚持辩证的思维方式，在事物的运动发展过程中，理解事物，抑或说，将现实理解为运动本身。反而是伯恩施坦，坚持对事物的直观态度，将现实理解为既成的、固定不变的现存，并对其采取一种实证主义的态度，亦即事物表现为什么样，我们就应该将其把握成什么样。而这种对现实的认识仅仅是将现实视作一系列孤立事物的集合，并且认为只要对事物进行分门别类的细致考察，我们就能够掌握我们身处于其中的社会现实了。然而，伯恩施坦的

---

① [德]马克思,恩格斯. 马克思恩格斯选集：第1卷[M]. 中共中央马克思恩格斯列宁斯大林著作编译局 译. 北京：人民出版社，2012：386.

这种实证主义态度恰恰是向形而上学的倒退，是对辩证法的背离。因为，伯恩施坦的实证主义态度，缺乏对现实的整体性把握——并没有将现实视作一个有机的整体，而是将其当作"生物学对象"，并对其进行"生物学解剖"。因此，伯恩施坦只能局部地、片面地、简单地直观事实，而无法从理论上整体性地真正切中社会现实。

实际上，每件事都有它的对立面，并不是仅通过一种实证的科学方法就能够完全把握的。因为实证的科学方法只能看到事物存在的一面，而看不到事物灭亡的一面。换句话说，只能看到事物积极的一面，而看不到事物消极的一面。而只有辩证法才能够实现在对事物的肯定理解中包含对事物的否定理解，以一种批判的眼光看待事物的发展。例如，就资本用以发展生产力的机器而言，其一方面，创造了巨大的生产力，极大地提高了人们改造自然的能力，减少了人们的劳动付出，提高了社会生产效率。但在另一方面，机器又在不断地"争夺"工人的工作岗位，使广大工人濒临失业，堕入贫困。而且由于其单位生产效率的提高，又提高了资本对工人的剥削与压迫程度。可以说，机器的产生，使人征服自然的能力大大加强，但同时，这种加强是以牺牲工人的主体性地位为代价的，亦即工人越来越沦为机器的附庸，越来越为机器所奴役。因此，科技的发展固然可以推动社会的发展，但由于科技处于资本主义的控制之下，科技的胜利却是以人丧失其主体性为代价。这样一来，原本具有主体性的人此时仅仅是附属于科技的单一的物质力量。这是科技的资本主义应用所无法避免的。

对于这一问题的解决只能是正视事实本身，充分发挥新生的力量，担负新生的重要角色。当我们对科技进行认识的时候，由于没有深刻地把握当下现实，没有意识到科技在资本主义制度中的本质所在，必将导致对科技所具有的积极作用的教条化理解。伯恩施坦主张通过"就事论事"来认识和解决问题，这是对事物发展的历史性特征，以及其与其他事物的关联性的漠视，是以一种孤立、片面、静止的形而上学思维来看待科技的作用，而恰恰是辩证法强调在联系和发展中看待科技，将科技置于整个资本主义生产方式中去理解，才能够真正勘破科技给人造成的困境。

此外，当资产阶级针对现存的资本主义存在的问题采取改良的政策措施时，如扩大普选权，使更多的阶级在议会中占有一定席位，伯恩施坦等人便对资本主义产生了不切实际的幻想，认为资本主义可以和平地发展成为社会主义。从现实的历史发展来看，资本主义对社会历史的发展，确实具有客观的推动作用，它使一切陈旧的封建关系彻底解体，代之以适合更高的生产力水平的生产关系，并且也极大地推动了生产力的发展。但是资本主义在诞生之日起，就创造了其对立面——无产阶级。而且资产阶级与无产阶级的对立，源于资本主义生产方式的内在不可克服的矛盾，因此，其是无法通过资本主义的和平发展加以解决的。所以，想要真正地破解资本主义的内在矛盾，必须通过无产阶级革命，推翻资产阶级制度，实行无产阶级专政，消灭剥削，消灭阶级对立，从而消灭阶级本身。只有这样，原来在资本主义条件下的异化劳动才能够变为真正的人的自由自觉的劳动，进而实现全人类的解放。

二、伯恩施坦修正主义用局部性割裂整体性

一叶障目、以偏概全历来是我们分析问题易发的错误思维，马克思主义辩证法强调联系和发展，意味着我们必须从联系性和总体性上对问题进行系统分析和整体把握。伯恩施坦受到实证主义的影响，背离了马克思主义辩证法，导致其在认识过程中必然出现视野的局限性和理论分析的狭隘性。他将纯粹理论和应用理论进行了绝对的区分，将唯物主义历史观庸俗化，并突出强调意志因素对于解释社会发展的重要作用，用局部性割裂整体性，片面地、孤立地分析眼前的、暂时的变化，对马克思的唯物主义历史观进行了严重歪曲。

（一）纯粹理论和应用理论的划界

1. 不变的纯粹理论和可变的应用理论

伯恩施坦认为，一种学说体系的理论构成可以分为两个部分："纯粹理论"和"应用理论"，前者构成学说体系中的"不变成分"，后者构成学说体系中的"可变成分"。纯粹理论在根本上涉及理论立场，是基于这一立场

的特有"观点"而对世界本身形成的观照，因而就其合理形态而言具有永恒的意义；应用理论是纯粹原理或相应的"观点"所照亮的某一特定时代的具体问题、具体事例、具体实践，其中当然也可能生发出一些原理，但总体上看来是根据相应的条件而变化的。纯粹理论必须从理论立场的角度去看待，应用理论则应该在它所产生的特定情境中去理解，因而两者都不是绝对无条件的东西。纯粹理论在附加限制条件下，也能够实现变动而达到新的认识。而应用理论在一定情况下，也能保持持久不变的有效性，犹如定理一般，如果它所依据的前提重复出现，那么它就一直是正确的。纯粹理论的诸原理对于体系的价值是各不相同的，但它们的价值都在整体之中并通过相互之间的关系来界定，因而任何一个都不可缺少。但是应用理论的原理则不同，这些原理可以在特定的条件下被取消，却丝毫不会影响作为其基础的纯粹理论。也就是说，取消应用理论的一整批原理，也不会殃及该学说中的其他部分。

伯恩施坦基于上述理论框架对于马克思主义理论体系的有机整体进行了外在切割。"凡是在马克思对于资产阶级社会及其发展过程的描述中无条件适用，也就是说不论民族和地方的特征一律适用的所有东西，都属于纯粹理论的领域；与此相反，凡是涉及一时的和地方性的特殊现象和推测的一切东西、发展的一切特殊形式，都属于应用科学。"[1]在伯恩施坦看来，马克思主义的应用科学包括：唯物主义历史观对历史的一般观照所产生的阶级斗争学说、特定的历史阶段即资本主义社会中的阶级斗争、适用于该历史阶段的劳动价值论，以及立足于19世纪上半叶的特定时代所发展出来的对于历史发展趋势的学说，所有这些在伯恩施坦看来都已经"过时"。因此，伯恩施坦认为马克思主义理论的向前发展和改进必须从对它的批判开始。如果只抓住对于一切时代都适用的纯粹理论，那么马克思主义就失去了对于当前社会现实的解释效力，就成了一个应景的东西，需要的时候拿出来撑场面，不需要的时候就束之高阁，更不必论及指导我们改变世界。相反，只有立足于当下时代的特定现实，才能发现并抓住马克思主义理论体系中纯粹理论与应用理

---

[1] [德]爱德华·伯恩施坦.伯恩施坦文选[M].殷叙彝 译.北京：人民出版社，2008：139.

论之间的矛盾，才能生发出清除这些矛盾的切实要求。在马克思主义已全面"失效"的前提下，揭示其中的矛盾并修正马克思主义，就成了伯恩施坦加诸自身的历史使命。

2. 伯恩施坦对马克思主义"应用理论"主要原理的分析

在马克思主义理论中，不被伯恩施坦所喜欢的东西，都被划分为应用理论，也即可以抛弃的部分。伯恩施坦基于实证主义的立场把马克思主义的唯物辩证法等同于黑格尔的唯心辩证法，基于改良主义的立场把马克思主义的科学社会主义等同于布朗基主义。如此一来，伯恩施坦就把马克思主义的辩证法、劳动价值论，以及关于无产阶级的阶级斗争的学说统统归入他所谓的"应用理论"之中。这样，伯恩施坦就几乎把马克思主义的全部理论体系都划归于可以被抛弃的"应用理论"名下，唯一剩下的不可改变的所谓"纯粹理论"就是"社会主义"了。但是，伯恩施坦对于"社会主义"进行了扩大化的理解，把一切争取自由、扩大民主权利、推进民主制度、推动社会前进的学说和运动统统定义为"社会主义"。在这样的基点上，马克思、恩格斯的科学社会主义也就成了众多社会主义学说中的一种，成了跟空想社会主义没有区别的抽象理论。伯恩施坦之所以做出这样的歪曲，是因为他没有进入马克思观照人类社会的视阈，没有站在实践观点的立场上洞穿当代资本主义社会的"本质"，没有立足于人的解放、一切人的自由全面发展来看待当前的阶级斗争和革命行动。在这样的歪曲中，科学社会主义对于革命运动的根本目标和革命运动本身的辩证统一的理解就被伯恩施坦割裂了，他否定了社会主义运动的根本目标，只关注当下的实际行动。问题在于，没有根本目标的指导，社会民主党所能采取的行动只能在资产阶级所划定的圈子、限度内来进行，这在根本上就无法超出资本主义。伯恩施坦立足于新康德主义所进行的这种划界对于马克思主义的歪曲，典型地表现在他对于马克思的政治经济学的批判之中。

伯恩施坦对马克思主义政治经济学的批判从价值概念入手，把马克思关于价值的概念看作"纯粹的思维的构想"。"交换价值"是一个抽象，因为其中没有了个别商品的特殊使用价值；"一般人类劳动"是一个抽象，因为其中没有了劳动者所发生的特殊时间、空间和类关系;"社会必要劳动时间"是一个抽象,因为其中没有工人在这一段时间中所参与其中的各种质的、而非量的关系;"市场价格"也是一个抽象,因为其中没有不同商品的生产所需要的社会必要劳动时间之间的差别。"这样一来,只要所考察的是个别的商品或商品范畴,价值就失去了任何可衡量性,成了纯粹的思维的构想。"①对于价值概念的这种理论抽象,在实践上会导致马克思主义基于剩余价值学说而对资本主义社会的批判失效。因为奠基在劳动价值论之上的剩余价值概念成了一个空洞的抽象,所得到的结论也只不过是"工人被剥削"而已,如此一来,伯恩施坦也就把马克思的政治经济学批判置于空洞抽象的道德说教的位置。"价值学说不能为劳动产品分配的正当性和不正当性提供规范,正如原子学说不能为一件造型艺术品的美和丑提供规范一样。"②如此一来,基于劳动价值论的剩余价值学说就失去了批判效力,不能为当下社会中工人阶级所遭受的不公正待遇提供规范。另外,伯恩施坦还说马克思只把工人的物质劳动看作价值增值的源泉,而没有看到资本家的管理、会计的记账等脑力劳动所承担的非直接生产职能对于价值增值的贡献,这就导致马克思的剥削理论也陷入抽象。

古典政治经济学家看不到人的实践本性,没有以实践观点的眼光来考察人的经济活动,因而他们所揭示出来的价值等概念最终也不过是形而上学的抽象。马克思抓住了揭示交换价值、使用价值等概念的现实基础,这就是人在生产实践中所表现出来的二重性,因而如果说马克思在《资本论》中对于价值概念进行了某种意义上的抽象化展示,那也是由于资本主义社会中的人与人的具体关系本来只是在物与物之间的抽象关系中表现出来。伯恩施坦认为马克思对资本主义社会进行了抽象化的理解,说在他的书桌上放着一个来自古典政治经济学的现成答案,这是因为伯恩施坦自己没有进入马克思所开创的实践观点的思维方式,自己对现实中的社会关系,以及这种社会关系在

---

① [德]爱德华·伯恩施坦. 伯恩施坦文选[M]. 殷叙彝 译. 北京:人民出版社,2008:176.
② [德]爱德华·伯恩施坦. 伯恩施坦文选[M]. 殷叙彝 译. 北京:人民出版社,2008:183.

马克思的理论中的反映进行了抽象理解。

伯恩施坦认为，修正主义者并不否认唯物主义历史观的基本思想，有争论的地方只是在于如何解释和运用这一理论。他认为，马克思恩格斯遗留下来的公式已不足以说明"历史演变的内在过程"，需要做出重大的补充。那些坚持正统观念的人把马克思主义理解成对某种确定的信念、某种确定的观点的坚持，把影响深远的学说压缩成一定的、狭隘地加以表述或者狭隘地加以解释的公式或者概念。因而，这些人基于马克思主义的基本原理对于未来社会的预测同样也不能超出极其一般的、抽象的轮廓。在当时，伯恩施坦更加关注的问题不是社会主义是否能够实现，不是彼岸的目标，而是当下的运动过程，是该怎么做的问题。第一个问题已经由马克思、恩格斯作出了回答，这一点伯恩施坦也是承认的，只是对于后面一个问题的回答，伯恩施坦认为没有现成的答案，必须建立在对各时期的实际发展的估计之上。如果仅仅是这样，那么不了解情况的人可能还以为伯恩施坦是在坚持和发展马克思主义辩证法的基础上坚持和发展马克思、恩格斯的唯物史观。但实际情况是伯恩施坦不但要否定马克思、恩格斯的唯物史观，而且否定马克思、恩格斯对于唯物史观的原创性贡献。

在伯恩施坦看来，马克思主义者把马克思称为唯物主义历史观的发现者，这很难说是正确的说法。当马克思开始他的研究生涯时，就唯物主义历史观的普遍原则来说，已不再有多少可以发现的东西了。在伯恩施坦看来，马克思所做的工作只是在于使唯物主义历史观的一般原理从当时时代精神中的自在状态达到理论中的自为状态，并且加深它的十分重要的论点。马克思的功绩不在于发现了这一理论的基本思想，而是在于他从这些基本思想中得出的东西和他对于这些基本思想的运用，他在这一方面作为开创者无人质疑。伯恩施坦认为，唯物主义历史观对于社会民主党人来说已经成为老生常谈，被不加批判地接受，甚至从某种意义上来说已经成了教条。欧洲各国社会民主党只是坚持经济因素对于历史发展的决定性作用，而不顾19世纪后半叶欧洲资本主义社会的巨大发展所带来的新变化、新特征，还像马克思、恩格斯那样指望着资本主义社会会在一次普遍的危机中"总崩溃"，指望着

"一下子"就能夺取政权、建立无产阶级专政。

伯恩施坦认为，唯物主义历史观的一般原理只能提供对于重大历史变革的外部解释，只能把它放到关于人类历史演变的一般框架中去看待，而不能把它放到当时时代的种种因素的综合作用之下来考察，也就是不能顾及历史事变的内在过程。而历史的演变的内在过程也是要被认识的，认识它对于实践具有巨大的重要性，我们作为实践家必须考虑的历史时期不是数千年或数百年，而是短短的几十年。马克思、恩格斯虽然在原则上承认这一点，但是在运用其一般理论时，屡次由于片面强调经济因素对于历史事变的决定性作用而错误地作出种种社会预判。对于这些预判，伯恩施坦认为我们今天必须说，它们现有的表述是错误的，必须对之进行修正。马克思主义的阶级斗争学说和剩余价值学说也是类似的情况。当马克思把这两种学说吸收到他的理论中来时，它们本身已经有了很大的发展，有了完整的著述，并且关于现代社会特有的那种阶级斗争形式的观点甚至已经在实践方面有了重大的表现。关于无产阶级同资产阶级之间的阶级斗争，其中的任何一个原理马克思都没有权利声称说在当时是完全新的东西。

3. 伯恩施坦对唯物主义历史观的歪曲

伯恩施坦认为，当我们面向历史的过去，而去研究人类从一开始诞生直到当下时代的社会形态变迁规律时，马克思提供的生产力与生产关系、经济基础与上层建筑的框架是非常正确的，但是一旦涉及对于如何看待从当下时代向未来社会的运动，这一框架的解释效力就大打折扣了。除了经济的因素以外，我们还必须关注当下时代精神的方方面面，包括法权和道德的概念、历史的和宗教的因素、地理环境的影响和其他自然条件的影响等。也就是说，我们必须"修正"马克思主义的历史唯物主义，使它不再仅仅是一个由人类社会中所发生的各种关系中最基础的方面所构成的大框架，而是把当下时代中的各种因素都考虑进去，使之能够从内部观照一个具体的历史事件。

伯恩施坦主张，马克思把各个时期的物质生产力和建立在其上的生产关系看作社会发展的决定性因素。经济基础发生改变之后，所有上层建筑也伴随它逐步发生变革。在对这些变革进行考察的时候，我们必须及时将两者区别开来：一是生产经济条件中产生的可以用自然科学的精确性指明的变革；二是人们意识到冲突后力求克服它而采取的那些意识形态的形式。在马克思看来，资产阶级的生产关系是社会生产过程的最后的对抗形式。伯恩施坦认为，结句中"最后"一词是无法证明的，只不过是多少有些根据的假设。这一论断对于马克思主义的理论体系来说不是本质的，已经属于应用理论的范围。此外，马克思还存在一种独断的措辞，将"意识"和"存在"截然对立起来，并认为人的存在在最终的意义上决定人的意识。但这样一来，人们所处于其中的物质生产力和生产关系似乎就成了某种"自在自为"的东西，而现实的人本身只不过是其中的环节而已，人的意志和能动性就被物的力量所取代，这种理论的极端表现就是物质决定论。

对于资本主义社会自身的运动规律，伯恩施坦认为唯物主义历史观在这里也有宿命论的论调。唯物主义历史观把人类社会历史变迁的一般趋势理解成了类似于自然规律的铁的规律，凌驾于所有人之上，相对于这种铁的规律来说，马克思所揭示的资本主义的生产方式所导致的阶级对抗及其程度高低倒成了次要的问题。伯恩施坦认为唯物史观在这里陷入了自相矛盾，因为它一方面强调适用于社会领域的规律跟适用于自然领域的规律是同一的，另一方面又强调掌握了革命理论的革命阶级对于历史形态变革的主观能动性。在开始说到规律的地方，结尾时却不是这一死板的概念，而是挤进一个比较有伸缩性的概念来代替它，这个概念就是"趋势"，也就是说，无产阶级专政对于社会各领域的自觉控制可以"缩短和减轻"人类"史前史"阶段从旧社会中孕育新社会的痛苦。"一个国家应该而且可以向其他国家学习。一个社会即使探索到了本身运动的自然规律——本书的最终目的就是揭示现代社会的经济运动规律——，它还是既不能跳过也不能用法令取消自然的发展阶段。但是它能缩短和减轻分娩的痛苦。"①恩格斯也有类似的判断，历史运动的最后原因只能到人们在社会中所发生的关系的最基础的方面，即人们在

---

① ［德］马克思，恩格斯. 马克思恩格斯选集：第2卷［M］. 中共中央马克思恩格斯列宁斯大林著作编译局 译.北京：人民出版社，2012：83.

物质生产过程中所结成的关系中去寻找,而不应该到它的最抽象、最远离基础的方面即在观念和意识形态中的反映中去寻找。但是,在伯恩施坦看来,"最后原因"在马克思、恩格斯的论断中还是比较抽象的,其中最根本的错误就在于仅仅把它理解为经济方面的因素,但实际上其中包含着精神的、政治的、文化的和地理的等"第二级""第三级"的原因,这些因素所涉及的人类社会生活的关系越复杂,这些关系的最基础方面所具有的解释效力也就越差,尽管这不影响它的正确性。它们起作用的事实依旧存在,但是事物的最后形态并不是仅仅取决于它们。凡是作为几种不同力量的活动的后果的作用,只有当这一切力量都已被精确了解并且按照它们的十足的价值加以估计的时候,才能够有把握地加以计算。

伯恩施坦认为,恩格斯慢慢地意识到了马克思所理解的唯物史观的不合理性,因而在后期著作中对生产关系的决定性作用做了限制。1895年10月,恩格斯在《社会主义大学生》上发表的两封信中提到,"法权形式",政治的、法律的和哲学的理论,宗教观点或教义,都应该纳入我们对于重大历史变革的解释框架之中,而马克思所揭示的生产力-生产关系,经济基础-上层建筑这一解释框架只能够起到一种大方向上的指导作用。前面种种关系所形成的对于重大历史变革的解释构成了历史事件的具体过程,其中的种种关系、种种"力的四边形"应该到实证考察中去完成;而后面马克思所揭示的最大的关系框架只不过构成历史事变的结果,这一结果在观念中的反映就成了一种似乎作为独立于所有人之外的"自在自为"的力量。人在头脑、观念、意识形态中所结成的关系是人在现实社会生活中结合起来的实际关系的反映,固然必须是以其中最基础的方面,即人们在物质生产过程中所结成的关系为基础,但是前者对于后者的决定作用也是不可忽略的。所以,伯恩施坦认为,马克思、恩格斯不应该断定非经济因素对于历史发展没有决定性作用。从他们早期的著作中可以引证无数的章句来反对这样的假设。

伯恩施坦认为,非经济因素对于历史发展具有决定性作用,所以他认为,问题在于这种非经济因素对于历史发展的决定程度,不在于是否承认这种影响的决定性。伯恩施坦认为,马克思、恩格斯早期所承认的非经济因素在社会发展中的作用及其对生产关系的反作用，比在他们的后期著作中所承认的小得多，这是符合任何新理论的自然发展过程的。一种新理论的出场，为了证明自己的合法性，总是在对于别的理论的批判中对于自己的立场进行比较片面的强调。伯恩施坦还引证恩格斯的话来为自己背书，"可惜人们往往以为，只要掌握了主要原理……那就算已经充分地理解了新理论并且立刻就能够应用它了"①。而恩格斯的原本表达又是什么样的呢？"但是，只要问题一关系到描述某个历史时期，即关系到实际的应用，那情况就不同了，这里就不容许有任何错误了。……在这方面，我不能不责备许多最新的'马克思主义者'，他们也的确造成过惊人的混乱"②。

恩格斯当然认同经济基础，也就是人们在物质生产劳动中所结成的关系对于人们的政治、意识形态、观念关系所具有的必然的决定性作用，但是也并没有否认除了经济因素之外的其他因素对于历史发展的促动作用。"所以到目前为止的历史总是像一种自然过程一样地进行，而且实质上也是服从于同一运动规律的。但是，各个人的意志——其中的每一个都希望得到他的体质和外部的、归根到底是经济的情况（或是他个人的，或是一般社会性的）使他向往的东西——虽然都达不到自己的愿望，而是融合为一个总的平均数，一个总的合力，然而从这一事实中决不应作出结论说，这些意志等于零。相反，每个意志都对合力有所贡献，因而是包括在这个合力里面的。"③也就是说，人们的一切现实联系归根结底是由他们身处于其中的物质生产关系决定的，因为在整个人类的"史前史"时期，这些关系都表现为独立于个人之外的东西。马克思、恩格斯不否认人们在他们各自所处的特定情境中也会遵照他们身处于其中的政治、文化、宗教等观念关系或意识形态

---

① ［德］马克思，恩格斯. 马克思恩格斯选集：第4卷［M］. 中共中央马克思恩格斯列宁斯大林著作编译局 译. 北京：人民出版社，2012：606.

② ［德］马克思，恩格斯. 马克思恩格斯选集：第4卷［M］. 中共中央马克思恩格斯列宁斯大林著作编译局 译. 北京：人民出版社，2012：606.

③ ［德］马克思，恩格斯. 马克思恩格斯选集：第4卷［M］. 中共中央马克思恩格斯列宁斯大林著作编译局 译. 北京：人民出版社，2012：605-606.

关系来行动，但是对于历史变革来说，这些终归是被决定的因素。在对某一具体历史事件的分析中，当然要考虑这些多方面的因素，但是在对于历史的未来走向的判断中，生产力与生产关系之间的辩证关系是最终的解释框架。恩格斯在1890年致信康拉德·施米特的信中也说道，社会制度怎样从经济发展的产物独立化为具有自在运动的社会权力，这些权力又能够反过来影响经济发展，根据不同的情况，或者促进它，或者阻止它，或者把它引上别的轨道。可见历史唯物主义同样承认人们在现实的物质生产过程中所结成的关系在他们头脑中、观念中和意识形态中的反映所具有的某种意义上的独立性、自在性，承认这些形式的运动和联系有其自身的规律，但是反对把这些关系像黑格尔那样看作"自在自为"的东西。

（二）唯物主义历史观庸俗化

1.伯恩施坦批判马克思主义的唯物主义历史观的必要性

根据上文的考察和分析可以看出，伯恩施坦通过对于所谓"纯粹理论"和"应用理论"的划界，割裂了马克思主义对于社会主义运动的根本目标与这一运动本身之间的辩证联系。这种割裂从根本上讲就是对于马克思主义的历史唯物主义的庸俗化，因为伯恩施坦仅仅是在当时的资本主义社会的经济基础和上层建筑的框架中，来把握社会民主党应该采取的运动策略。伯恩施坦认为，马克思、恩格斯的唯物主义历史观过于强调历史运动中的必然性因素，夸大经济基础的决定性作用，忽视了人们之间的其他关系对于历史变迁的决定作用。但是，随着社会发生变化，其他因素尤其是政治等因素将不断打破经济的决定性作用。基于此，伯恩施坦对马克思主义的否定与修正，就从批判马克思主义的唯物主义历史观开始。他将马克思主义作为一种宗派信条，这一信条在一定的时候对于政治学说的发展能够变成致命的东西，阻碍政治学说适应已经变化了的政府和经济条件。

伯恩施坦从个人的观点和传统的观点出发，对大多数国家中战斗的社会主义者都已接受了的"马克思主义"或"科学社会主义"进行批判，认为只有自己提供了新的东西。在他看来，每个人都把马克思主义看作不可改变的"纯粹理论"，认为马克思、恩格斯及其追随者所做出的结论与马克思主义的理论基础是分不开的。对这些结论的任何反驳,即使是部分的,似乎都会威胁到整个体系本身的合法性。伯恩施坦的研究使他对其中一些理论的作用产生了怀疑,并提出了一些与之相悖的假说,这在马克思主义内部引起了极大的争议。马克思主义的敌人和马克思主义的信徒两大阵营,一个对他予以赞扬并指出他的批判的有效性,另一个对他予以抨击并指出他的破坏性。在两个阵营中间,仍有不少人还保持着比较冷静的判断,他们客观地对待伯恩施坦的著作,认为这是一次对马克思主义进行修正、审查和析疑的尝试。

在伯恩施坦看来,问题不在于用另一种学说或社会学理论来对马克思主义的学说进行反驳,而在于在当时的社会条件下,该怎样提出如何进入社会主义的问题。为此他引用德国社会学家威·桑巴特教授的话说,"社会科学的进步不在于驳倒马克思科学著作的结论,而在于消化和发展这些结论。但是如果不首先对这一理论作批判性的清算,那么这样的继承就不可能彻底。"[①]伯恩施坦认为自己不是要把他的想法当作本质上一个新东西提出来,而是一种新的提出这些问题的方式,并自认为在这个或那个问题上说了一些新的东西。以往大部分人只是在重复别人已经说过的话或者说是老生常谈罢了。而伯恩施坦认为,对事实进行有条有理的研究和系统的分类对于认识来说具有至关重要的意义,他认为马克思主义的一个重大的缺陷就在于它缺乏系统性。在他看来,演绎或者思辨的方法对于专门的研究能起巨大的作用,而对于整体的精确理解来说,是绝对不够的。统一并不是一致,世界的各个领域里,对于每个人而言始终是不同的偶然性事物,对于人们的社会生活的诸因素也是如此。为了理解这个生活的各种形态,必须求助于综合的或者折中的方法。在实践上,人们确实做到了。但是,在理论上,由于必须明确地强调一个原则或者一种力量的影响,这一点就没有真正做到。这就是为什么各种理论之间的矛盾其实是表面的。它们根据的是同样的事实,但是从不同的观点考察这些事实,这些理论并不比另一些理论更为错误或者更为正确。它们不是相互排斥,而是相互补充,这一点正是有教条主义思想的人从

[①] [德]爱德华·伯恩施坦.伯恩施坦文选[M].殷叙彝 译.北京:人民出版社,2008:124.

来不愿意承认的。因此有些马克思主义者为此惊呼，认为伯恩施坦使蒲鲁东复活了！对此他回应说，使蒲鲁东复活的不是他，而是事物的实际情况。

从一般意义上看，伯恩施坦立足事实，质疑理论，似乎是正确的分析路径，具有一定的合理性。但是问题关键在于，他所进行的研究是在将局部与整体相割裂的基础上进行的。换句话说，他不能理解统一性演绎和思辨并没有割裂局部与整体的联系，反而是帮助我们理解现实事物的内在的一致性和统一性。伯恩施坦将两者割裂开来，仅仅注重综合、折中，关注事物发展变化的偶然性而忽视其内在的必然性和规律性。由此不难判断，这必然导致他对唯物主义历史观认识的庸俗化。

2. 伯恩施坦批判马克思主义的唯物主义历史观的主要内容

伯恩施坦认为唯物主义历史观的正确性问题的关键就在于历史必然性及其根源问题，因此，他对马克思主义的唯物主义历史观的批判就集中在这一点上。在他看来，马克思、恩格斯的唯物史观的根本错误就在于把人们围绕着物质生产所形成的时间关系和空间关系当作历史发展的"决定性因素"。他认为马克思在《政治经济学批判》序言中对唯物主义历史观的完整表述是一种武断的措辞。马克思关于历史发展的根源的这种任意性判断在《资本论》中也有同样的表现。恩格斯把唯物史观视为马克思一生中最伟大的两大发现之一，伯恩施坦对唯物史观所要否定的恰恰就是这一点。

伯恩施坦在自己的修正主义理论中把马克思、恩格斯的唯物史观歪曲为"经济决定论"，为了给自己的这种主张寻找合法性，他不惜制造马克思与恩格斯的"对立"。他把自己对于马克思、恩格斯以及马克思主义的背叛行径强加给恩格斯，说什么当马克思还在世的时候恩格斯就已经在历史观上跟马克思有所不同，而马克思去世后恩格斯就直接地反对马克思的"经济决定论"。为了论证这一点，伯恩施坦拿恩格斯的"历史合力论"来给自己背书，把自己对于历史唯物主义的庸俗化理解强加给恩格斯本人。可以看出，伯恩施坦在这里用恩格斯反对马克思，认为马克思只是强调经济基础对于社会运动的决定性作用，而恩格斯则更加重视非经济因素在社会发展过程中的决定作用。伯恩施坦之所以对唯物史观采取庸俗化态度，并在这一点上制造恩格斯和马克思的"对立论",最根本的思想原因就在于他没有把握马克思主义的唯物辩证法。没有进入马克思的实践观点,没有进入对于人本身、社会本身、历史本身的视阈性领会,没有从辩证法的高度打开社会的现实运动,就必然从一些孤立、片面的事实材料,从一些只言片语出发,肢解唯物史观的完整理论。恩格斯与马克思,他们的晚期与他们的早期,对于唯物史观的表述当然是有所不同的,但他们在这些表述背后所坚持的唯物辩证法是一以贯之的。因而,这些不同的表述作为马克思主义的显性理论有着自身的特定的明确边界,但作为马克思主义的隐性理论的"定在"却不能进行死板的解读。无论是由于自身理论水平的限制,还是出于别有用心的动机,伯恩施坦对于唯物史观的解读都是一种理论上的倒退。但在他自身那里,他非但没有自觉到这种倒退,反而沾沾自喜,说什么唯物主义历史观只能通过扩张才有效,而他所谓的扩张指的就是将非经济因素纳入历史发展的决定性因素。他甚至反对把这种扩张的历史观继续称为唯物主义历史观。在他看来,在唯物主义历史观一词上,一开始就附有同唯物主义这一一般概念连在一起的一切误解。事实上,这种扩张的历史观不仅不是唯物主义,更不是纯粹的经济观。虽然伯恩施坦本人并没有明确承认他在这里主张的多元论,但事实上他是多元论的倡导者。当然这里有一个严重的折中倾向。伯恩施坦也承认他对折中主义的信仰。

　　伯恩施坦自觉地把对马克思主义唯物史观的批判和修正放到对马克思主义辩证的批判和修正这一"基地"上来。他把握不了马克思唯物辩证法的精髓,更难以看破黑格尔辩证法的唯心主义实质,于是就把马克思唯物辩证法简单粗暴地归结为黑格尔的唯心辩证法。为了泼掉黑格尔辩证法的思辨性和神秘性这盆洗澡水,伯恩施坦连马克思唯物辩证法这个"孩子"也一同倒掉了。非但如此,他甚至还要倒退到"新康德主义"的知性形而上学之中。在这种知性的思维水平上,伯恩施坦把黑格尔唯心辩证法的神秘性与马克思从中解放出来的革命性绝对地对立起来,说什么即使对之进行了颠倒,马克思也无法摆脱这种神秘性。伯恩施坦主张,无论现实世界中的事物是什么样的,人们一旦离开了经验的基础,超越这些事实去思考,必然会陷入概念衍生的世界。这话看似有道理，但根本的问题在于伯恩施坦对于这里的"经验"进行了实证主义的、见树不见林式的理解。实际上，伯恩施坦的这种主张也并不新鲜，因为马克思、恩格斯早在《德意志意识形态》中就主张一种"真正的实证科学"，只不过他们这里的"实证科学"是被唯物辩证法所照亮了的客观实在，而非仅仅就其自身被直观的所谓"事实"。伯恩施坦出于实证主义立场，说马克思、恩格斯的唯物史观最终还是陷入了黑格尔辩证法的"概念自我发展"的陷阱，说唯物史观所揭示的社会运动的最终目的只是一种任意武断。但伯恩施坦对于运动本身就是一切的强调恰恰陷入了资产阶级意识形态的陷阱，实际上，所谓的"自由""平等""博爱""民主"等资产阶级意识形态才是真正的任意武断。伯恩施坦丢掉了社会主义的根本目的，即全人类解放的指引，就被这些让人眼花缭乱的资产阶级意识形态迷住了眼睛。

马克思主义当然不是一个僵化的学说。随着时代的变化它需要不断地修改和发展。它的生命力在于与时俱进。恩格斯逝世后的19世纪末、20世纪初同马克思主义所活跃于其中的19世纪中叶相比，形势发生了巨大的变化。面对这种新形势，马克思主义研究者有必要对马克思主义的一些原始观点进行检验和修正。因此，从这个角度来看，伯恩施坦对这样一项工作的开展值得承认。但关键问题是伯恩施坦以同马克思主义"脱毛"的态度，与马克思主义分道扬镳，借助对马克思主义的重新审视，疯狂抨击马克思主义，甚至提出"回归康德"的口号，试图用康德的理论作为社会主义运动的理论基础来取代马克思主义，这充分暴露了他的修正主义面貌。

马克思、恩格斯的社会主义学说之所以是科学的，一方面在于他们提出了人类解放作为社会主义的根本目的，另一方面在于他们所主张的达到这一根本目的的道路是正确的。各种空想社会主义也设定了未来社会的理想蓝图，但由于没有揭示社会运动的根本之所在，最终陷入对于目标的空想、对于斗争方式的主观臆断之中。马克思、恩格斯正是通过唯物史观，把人们在物质生产中所结成的关系把握为理解他们的社会关系、政治关系、伦理关系、观念关系的基础，才实现了社会主义的目标与手段的真正统一。面对当时统治德国思想界的形形色色的唯心主义意识形态，面对当时统治欧洲工人运动的形形色色的空想社会主义，马克思、恩格斯突出地强调了资本主义必然灭亡的"内在的经济必然性"。然而，伯恩施坦却认为，为社会主义学说提供"内在的经济必要性"既不是必要的，也是不可能的，从而否定了科学社会主义的科学性。他甚至提出"科学社会主义的名义会导致一些错误的假设，……因此，我宁可用批判的社会主义这一名称"①。这种所谓的社会主义批判去掉了"最终目的"的客观基础，而把它放置在康德神秘的伦理学基础之上。显然，最终目的在这里被伯恩施坦当作次要的事，自然就"算不了什么"了，进而为实现它而进行的奋斗就更谈不上了。工人阶级首要的任务是"精神抖擞地"追求"眼前的目的"，不断改良，使"道德自我完善"，这就是伯恩施坦主张的"运动就是一切"。按照新康德主义设计的"道路本身就是道路的目标"②，工人阶级只要沿着无尽头的道路无目的地走下去就可以了。

伯恩施坦的这种主张归根结底来说，就是割裂了社会发展的连续性与间断性，割裂了事物运动中的量变过程与质变过程。事实上，也正是基于这种知性形而上学的思维，他才主张"回到康德去"。主张资本主义社会在自身的自发运动中就会自然而然地"和平长入社会主义"，这种观点完全是站在资本主义的立场上而得出的。也就是说，资本主义社会中由生产资料的私人占有所导致的整个社会各个领域中的无政府状态，使得整个社会处在自发的运动状态之中。伯恩施坦的社会发展观作为这种自发状态的自觉理论反映，由于其根本立场的狭隘性而完全被局限在资本主义这个"自在之物"中。对于伯恩施坦来说，资本主义社会就作为一个只有连续性发展而没有间断性革命、只有量变而没有质变的自身运动，即作为一个完全局限在其自身中的"自在之物"，直观地呈现在眼前。基于这种"新康德主义"的立场，伯恩施坦关于"运动就是一切"的修正主义观点，实质上是对唯物史观的庸俗化。

---

① ［德］爱德华·伯恩施坦.伯恩施坦言论［M］.中共中央马克思恩格斯列宁斯大林著作编译局 译.北京：生活·读书·新知三联书店，1966：274.

② 田崇勤.简明西方哲学手册［M］.南京：南京大学出版社，1989：218.

3. 伯恩施坦对唯物主义历史观的庸俗化

伯恩施坦认为唯物主义历史观，或马克思的历史学说，必然是"有限制的"。这种限制就在于考茨基所说的社会发展的动力不仅在于物质条件，而且也在于思想意识。伯恩施坦说："今天应用唯物主义历史理论的人有义务按照成熟的形态而不是按照最初的形态应用它。"①在伯恩施坦看来，早期的马克思、恩格斯对非经济因素，如法权和道德的概念、历史的和宗教的传统等在社会历史发展进程中的作用有所忽视。而实际上，马克思主义学说从来没有忽视意识形态的影响和发展，马克思在自己著作的许多地方非常清楚地着重指出了这种影响。对于历史唯物主义理论来说，问题不在于意识形态是否影响社会的运动，而在于意识形态的产生、意识形态的实质，而意识形态影响的主要程度是由"物质的运动"决定的。至于科学、艺术、法律、宗教和其他制度和概念会影响社会发展，这是没有疑问、没有问题的。问题在于它们影响到何种程度。

"唯物主义历史学说"回答说：它们影响的程度是由"物质运动"决定的。无论怎样的"意识形态形式"的发展和影响都不能超过"物质运动"的限度，都不能脱离"物质运动"而发生。比如，资产阶级自由思想的发展，尤其是影响，在近代初期是很微弱的，这显然是因为"物质运动"在那个阶段还很不发达。"物质运动"越发展，即资产阶级生产的物质条件越发展，资产阶级自由概念也就越发展，越是发生影响。在"经济"不发达的国家，科学、艺术和"社会关系体系"也不发达，反之，在"经济"高度发达的国家，科学、艺术和"社会关系体系"就会得到较为重大的发展。伯恩施坦说现在意识形态依赖"经济"较少，说技术—经济的发展和其他制度的发展之间的因果联系越来越不直接，越来越间接；同时技术—经济的发展的自然必然性对于建立和形成制度越来越没有意义。这完全是不对的，他说，现代社会越来越倾向于产生一些能够独立于"经济"基础而存在的意识形态学说。可是，这些学说从哪里来呢？没有在人们头脑中反映的"物质运动"的地

---

① ［德］爱德华·伯恩施坦.伯恩施坦文选［M］.殷叙彝 译.北京：人民出版社，2008：144.

方，就不可能有意识形态。所谓"现代社会更富于意识形态的学说"，只不过说明现在"物质运动"远比过去时代发达而已。其他的看法简直是不可思议的，否则就应该假设意识形态是从天上掉下来的，或者是人们的天赋的品质。无论前者或后者，都是不能假设的。

对于伯恩施坦来说，在马克思的历史学说中找出"局限"是自身的历史使命，以便把马克思、恩格斯的历史学说说成"同它的作者一开始所提出的完全不同的形式"。唯物主义历史观在其制定者那里是进一步"演化"了呢？还是具有一定的"局限"呢？显然，伯恩施坦认为马克思、恩格斯唯物主义历史观在不断的演化中产生了一定的局限，这一判断来自他对恩格斯在1890年和1895年所写的两封信。但是，作为社会主义的最初一批理论家之一的普列汉诺夫在《共产党宣言》序言中解释得很好，他说恩格斯的这两封信丝毫没有同马克思、恩格斯最初提出的唯物主义历史观的原理相矛盾。这就是说，恩格斯在这两封信中所发表的思想无论如何也没有导致马克思主义理论体系的某种"局限"，恰恰是伯恩施坦自己把马克思、恩格斯所提出的历史唯物主义庸俗化了。在这种庸俗化的基础上，伯恩施坦最终背离了无产阶级革命，走向了修正主义的改良道路。

三、伯恩施坦修正主义用改良性抹杀革命性

面对资本主义发展新阶段，社会民主党如何正确改变政策，这的确是一个需要思考的问题。马克思、恩格斯面向现代资本主义社会的结构，分析它的基本矛盾，指认了资本主义走向灭亡的必然性，主张我们要通过阶级斗争的政治手段，推翻现代资本主义社会，建立无产阶级专政，最终实现共产主义。马克思、恩格斯的最终目的是明确的，历史发展过程中进行政策的调整也是合理的，恩格斯一再强调不要把马克思主义当成教条，它的功绩在于提供正确思考和解决问题的方法。伯恩施坦对马克思、恩格斯理论断章取义，以现存社会中资本主义的政策调整为依据，质疑甚至反对马克思主义，提倡用改良性抹杀革命性，这是对马克思主义的严重背离。

（一）提倡改良主义的策略

1. 伯恩施坦提出改良政策的必要性

随着资本主义社会自身以及政治形势的发展，在19世纪下半叶，资产阶级与无产阶级之间的关系发生了很大的变化。在表面上，资产阶级的统治看起来越来越"纯洁"，通过资本主义自身的发展而达到社会主义或共产主义的"希望"也越来越大。这时出现了一种声音，其主张通过改革而不是革命的手段，"改良"资本主义社会，劝说工人阶级放下武器，"合法"地走向社会主义。这在实质上维护了资产阶级的统治，分裂和削弱了无产阶级的力量。在此背景下，在国际工人运动中，改良与革命之间的路线之争也愈演愈烈。

1879年8月，赫西伯格、施拉姆和伯恩施坦发表文章《德国社会主义运动的回顾》，在其中，他们否定了当时德国社会民主党的革命路线，宣传改良主义和阶级合作的主张，认为无产阶级的革命斗争是没有必要的。后来，通过与马克思、恩格斯两位导师的交流，伯恩施坦认识到自己的错误，并得到了他们的谅解和信任。但是，随着社会形势的变化，资本主义的发展变得相对和平，在1890年10月，针对德国社会民主党的《反社会民主党人非常法》被废除了，党执行议会竞选等"和平"手段成为可能，这致使伯恩施坦的观点重新发生了变化。面临新变化，伯恩施坦开始质疑马克思的科学社会主义。他认为在世纪之交的新形势下，无产阶级革命的斗争路线已经过时，而主张采取民主的改良形式推进社会的发展，把社会历史进步寄托于资本主义自身的调节。他认为，当今时代已经和《共产党宣言》发表的时代大不相同，因此，社会民主党必须"检查"自己的"精神武器"，"必须修改"社会民主党的"立场"。伯恩施坦将马克思所提出的关于资本主义必然灭亡的科学理论"稻草人化"为"崩溃论"，认为其只不过是一种"空想主义"；他鼓吹资本主义可以通过改良主义和平发展为社会主义。伯恩施坦曾直言，修正主义这个词"翻译成政治用语就成为改良主义，即系统的改良工作的政策"[①]。

---

① ［德］爱德华·伯恩施坦.伯恩施坦文选［M］.杨凡，宋这有修，刘丕坤 等译.北京：生活·读书·新知三联书店2008：440.

伯恩施坦直言，他决不否认现代社会存在阶级斗争，而是仅仅否认对这种斗争做那种刻板的理解的正确性。也就是说，阶级斗争必然导致采取日益粗暴的斗争方式，必然使对立以这样一种形式趋于尖锐化，以致无产阶级和资产阶级有朝一日直接地彼此对立起来。对于最初被资产阶级经济学家强调而社会主义者拒绝立即予以承认的事实，一旦它们已经表明为确凿无疑的事实的时候，社会民主党人必须加以承认，这并不是向所谓"资产阶级经济学"投降，而只是在坚持真理。伯恩施坦提出他随时准备这样做。在他看来，承认错误要比掩饰错误更光荣。

2. 伯恩施坦在政治妥协基础上追求改良政策实施的多样性

伯恩施坦在政党和阶级的关系中宣扬超阶级的观点。他反对同实际情况相矛盾的一套革命惯用语。不过，伯恩施坦也没有极端到取消社会主义民主党的地步，他仍然坚持党的独立性。对于人们幻想在一次足以导致资本主义社会全面崩溃的经济危机中通过暴力革命来夺取政权的主张，在他看来，这是极其愚蠢的，伯恩施坦也不容许别人把这种想法加在自己身上。他的全部建议的用意在于提高和加强社会民主党的政治影响，而这些建议是否适用，前提是否正确，则是另一回事。伯恩施坦认为，在现代资本主义社会中，一切政党的纲领都超出了某一特定阶级的简单范畴，而都在主张某种面向整个社会的治理原则。因此，政党与政党之间在阶级问题上没有特殊的规定。所以社会民主党的目标不应被限制在"无产阶级"的范畴之内，而应主张成为全民族的、和平的、改良的党。

作为改良主义者，伯恩施坦极力主张政治妥协。1893年8月，第二国际第三次代表大会在苏黎世召开。本次大会主要讨论了社会民主党的政治策略问题，并作出决议：一切妥协，以及用损害社会民主党的原则和独立性的办法同资产阶级政党结成联盟的主张，都是党所不能容许的。然而，伯恩施坦在会后发表的《国际代表大会能力的限度》一文中，公然违背决议精神，鼓吹资产阶级改良主义，意图实行"妥协"和"联盟"，在伯恩施坦看来，德国社会民主党坚持无产阶级革命斗争理论，而放弃与资产阶级联合发展的思想是非常不明智的。他指出，政治行动在任何情况下都不能以与其他党派妥协和联盟的形式去进行，这是最荒谬的。他质疑无视目的和性质而排除政治妥协的做法，提出可以想象千百个场合能够达成政治妥协，这种行动既是道德的同时又是高尚的。因此，伯恩施坦提出，"放弃缔结妥协对于社会民主党来说，简直就是对它本身和对工人阶级的犯罪"[①]。

勒耳达在《社会民主党的策略》一文中提出了反对妥协政策的意见，他认为："个体和物种的变异，和社会中的革命一样，……实际上是一个唯一的力量的表现，这一力量是在有机体中发展起来的，它使有机体适应环境的变化，从而力求保持有机体的生命。"[②] 在这里，他强调了发展的唯一力量，即变化的力量。但是，伯恩施坦反驳道："如果根据这个力的理论真能为政策证明点什么，那么显然正是妥协""在政治上，力量的联合往往只有通过妥协或联盟才能达到。"[③] 由此，他抹杀英国宪章运动的作用，而将英国工人运动的成就全部归因于妥协的成果。在他看来，不纯洁和妥协的力量并不能成为障碍，反而可以节省力量，甚至增加力量；而一味地坚持"原则"，保持"纯洁"，拒不妥协，反倒会浪费力量。尤其是在斗争中拒绝结盟，伯恩施坦认为，这是一种不必要的虚荣，对党的事业的发展造成不利的影响。不妥协并不意味着"纯洁"，其实只是"清高"或思想怠惰。喊口号、唱高调不过是在混日子；妥协才是务实的表现，而这实际上提出了很高的技术性要求。不妥协论主张者的演说与文章体现了对现实的误解，是对实际力量对比的错误叙述。他们的主张会使党的路线陷入悖论性的自反之中，即坚持不妥协并不能保持党在阶级性上的纯洁，反而会由于它的夸夸其谈使党失去其阶级性。

伯恩施坦认为，资本主义国家是灵活的、能够改变和发展的自由体系，

---

① [德]爱德华·伯恩施坦. 伯恩施坦言论[M]. 中共中央马克思恩格斯列宁斯大林著作编译局 译. 北京：生活·读书·新知三联书店，1966：16.

② [德]爱德华·伯恩施坦. 伯恩施坦言论[M]. 中共中央马克思恩格斯列宁斯大林著作编译局 译. 北京：生活·读书·新知三联书店，1966：19.

③ [德]爱德华·伯恩施坦. 伯恩施坦言论[M]. 中共中央马克思恩格斯列宁斯大林著作编译局 译. 北京：生活·读书·新知三联书店，1966：19-20.

因此，我们不需要炸毁它们，而只需要继续发展它们。为此需要组织和积极行动，但不一定要革命专政。此外，在工人运动的发展过程中，站在工人阶级对立面的资产阶级会慢慢地交出他们的权力，资本主义社会将会自动地崩溃。暴力革命是不可取的，我们应当通过议会等和平路线"长入"社会主义。为了实现为自己辩解的目的，伯恩施坦还对马克思发表在《1848年至1850年的法兰西阶级斗争》中的观点进行曲解，"工人阶级不能简单地掌握现成的国家机器，并运用它来达到自己的目的"[①]。这句话曾被伯恩施坦多次引用，1898年9月伯恩施坦在《致德国社会民主党斯图加特代表大会的书面声明》中首次引用这句话，接着又在《社会主义的前提和社会民主党的任务》中多次引用，将之变成自己的格言。按照他的解释，马克思其实是在警告无产阶级在夺取政权时不能采取过激的暴力手段。

伯恩施坦格外看重议会斗争的作用。他认为，议会将主导德国人民的命运。随着参与者人数的增加，议会中党的权利将会增加；而随着党的权利的增加，党的义务也增加了。这时，凡是涉及它所代表的阶级的利益的地方，它处处都应当加以干涉。党有权提出议案，提出质问和推举代表参加各个委员会，同时它必须充分利用这种权利。这样一来也不可避免要产生种种危险。这其中包含不能夸大议会斗争的危险性。在伯恩施坦看来，既要利用一切机会去争取扩大人民权利，又要击退对人民现有权利的任何进攻。如果这种做法在实践中的结果是加强议会的影响，那么这不会使我们烦恼。伯恩施坦没有看清德国的议会仅仅是"专制制度的遮羞物"，这种鼓吹"今天的社会在向社会主义长入着"的论调十分荒谬。事实上的确如此。伯恩施坦的主张最终使社会民主党和国际工人运动走向了歧途。

伯恩施坦认为，社会化过程同民主化过程必须齐头并进。工会运动和政治运动是相辅相成的；必须全力以赴促使运动按有利于社会化的方向发展，以便工人阶级的影响能在一切领域同时扩大。这仍旧表明，伯恩施坦企图通

[①] 马克思，恩格斯. 马克思恩格斯选集：第3卷[M]. 中共中央马克思恩格斯列宁斯大林著作编译局 译. 北京：人民出版社，2012：95.

过经济组织获得解放,而放弃通过政治暴力的途径来解放工人阶级。这一思想也得到大卫的响应,他认为伯恩施坦决不是要求我们放弃向来的实践,而是说明现在已经做了正确的事情,根本不需要改变策略。大卫认为,伯恩施坦根本不想使我们的活动走向邪路,只是对实践进行了另一种评价。当前工作不是应付手段,也不是修补工作,它能获得重要的成就,不会妨碍运动的进步。卢森堡则不同意伯恩施坦和大卫,她引用马克思的话,认为在某种意义上人们可以把工人保护法看成对社会主义有害的东西,如果今天就给工人提供某些东西,那么在一定情况下就有阻碍革命运动的危险。但伯恩施坦坚持认为,为社会革命而进行宣传只是达到了唤起人们的斗争意识和阶级觉悟的目的,而将"最终目的"当成我们的指路明星,眼下的工作就会被忽视。伯恩施坦坚持他的修正主义思想,认为行动的指路明星应该是社会主义原则,而这则意味着民主化和社会化。大卫还进一步提出,在选举时,对群众的鼓动,应该把重点放在取得实际的、眼前的、已经把握得住的好处上,同时并不否认社会主义的原则。工会运动也同时在起作用,而且如果我们当真想夺取政权,那么对当前工作的看重并不是障碍,而是很大的促进。伯恩施坦着眼于当前的工作,他不会放弃实现最终目标,而是认为前者可以推动后者的实现。伯恩施坦的著作并没有违背社会化的原则,他只是对当前的工作提出了更高的原则性评价。大卫和伯恩施坦坚持认为,重点应该放在三个方面——工会运动、合作社运动和政治运动上。他高度重视这个三位一体,认为只有这样才能发挥全部力量。大卫认为,伯恩施坦给予我们的东西比他使我们丧失的东西多。由于对当前工作做了较高的评价,我们就更加可以确信,在资本主义经济形态内部就可以调整财富的分配,使它大大有利于工人阶级。这种观点,对于我们夺取政权,对于一切可能发生和将要发生的事,都会起到促进作用。大卫概括了自己与伯恩施坦相同的观点:高举希望的旗帜,不仅希望有一个较好的未来,而且也希望有一个较好的现在。

蔡特金不认同伯恩施坦和大卫。他认为,虽然种种改良的手段是有价值的,但同时应警惕"矫枉过正",把改良看作我们的根本目标。我们力求实行这些改良,作为提高无产阶级战斗能力的手段。问题不仅在于我们如何评价这些改良，而是在于我们应如何达到这些改良。我们是应该作为独立的阶级政党，还是仅仅作为一个民主集团的党。依据伯恩施坦的言论，很显然是赞同社会民主党采取一种民主集团的政策。但是德国缺乏一个真正坚强的资产阶级民主派，因此这一点无法实现。但是，即便可能，这种政策会被迫削弱我们的阶级立场，使得社会民主党最终与资产阶级民主派或激进派之间毫无区别。而实现无产阶级革命其实才是我们的最终目标，即要通过夺取政权来实现整个社会的总体化。伯恩施坦的主张压根是站不住脚的。如果伯恩施坦仅仅像晚年的恩格斯一样，提出我们在策略方面做得不够，过于死板，需要提高我们斗争策略的灵活性，那么他是可以说服我们的。但是，伯恩施坦事实上是将改良的策略视作我们通向社会主义的必经之路，并要求我们将工作的重点从武装夺取政权转移到适应资本主义议会政治的游戏规则之上，这就让人不能接受了。的确，改良工作必不可少。通过改良，我们可以在各个方面训练我们的工人阶级队伍，使之更为符合革命的要求。然而，一切改良工作都不能使我们满足。阿德勒曾说，我们必须任何时刻都全力以赴地争取当前的要求。这一点蔡特金也极力赞同。他补充说："让我们不要在进行这种分期付款时忽略我们的主要目的，让我们向无产阶级进行启蒙，让我们怀着坚定的信念和热情把无产阶级组织起来，就像明天就可能实现我们的最终目的一样。"[1]

3.伯恩施坦背离科学社会主义陷入机会主义泥潭

伯恩施坦始终坚持"运动就是一切"，而并不看重"最终目的"；他只承认改良，而否认革命。这导致了伯恩施坦等人过高估计建设性的改良工作，产生了机会主义的倾向。表面上，它们似乎每天都被事实所证实着。因此，驳斥这些观点，只能依靠党的明确认识。而想要驳斥这些观点，在理论上难度是很大的。自1891年以来，党内机会主义派系的影响力不断提升。

1895年，机会主义者爱德华·大卫和麦克斯·克瓦尔克主张由资本主义

---

[1] 中共中央马克思恩格斯列宁斯大林著作编译局国际共运史研究室.德国社会民主党关于伯恩施坦问题的争论[M].北京：生活·读书·新知三联书店，1981：258.

国家以改良形式援助小经营，并称这种改良为社会主义的，他们否认走向大经营的历史趋势，通过民粹主义的路线否认社会主义的可能性。1898年的斯图加特大会标志着党内的机会主义路线已经成熟。伯恩施坦是机会主义在理论方面的旗手，在实践方面的旗手则是海涅。这就要求社会民主党必须同机会主义进行一次全面的和原则性的清算。党的声明表明，我们必须夺取国家政权，彻底废除资本主义制度，不能相信通过改良的手段或自动地进入社会主义的幻想，期待着社会灾变和政治灾变，而是要坚定地希望表明自己能日益胜任这一任务并作为形势的支配者出现；最后，它对现存的国家不仅不进一步实行让步政策，而且要把斗争进行到底。[①]

马克思、恩格斯指出，建立无产阶级专政正是阶级斗争的目标。遗憾的是，伯恩施坦等人未能按照马克思、恩格斯的要求，反而删去了马克思、恩格斯的科学理论中不能被资产阶级接受的内容，即无产阶级要通过暴力革命的方式消灭资产阶级，阉割马克思主义的革命内容。这完全背离了恩格斯所强调的："须知革命权总是唯一的真正的'历史权利'——是所有现代国家一无例外都以它为基础建立起来的唯一权利"[②]。马克思所要强调的恰恰与伯恩施坦所主张的相反。无产阶级应当消灭国家，粉碎资产阶级现成的国家机器，而不能简单地掌握它。伯恩施坦否认国家的阶级性，而将之视作人们在其中共同生活的管理机构，国家捍卫包括工人阶级在内的所有人的共同利益。所以，就国家的这一职能而言，工人阶级同国家的立场是一致的。因此，他反对打碎资产阶级的国家机器，这充分体现了他的修正主义立场。

理论上的分析已经不能对批判伯恩施坦起决定性的作用。他给人的印象是只看到自己所愿意看到的东西，而当他看到不愿意看到的东西的时候，就开始编造。倍倍尔曾说："你（伯恩施坦）曾把一份维也纳出版我党报刊寄到斯图加特来给我，那上面有编辑部同一个资产阶级政党的争论，谈的是随

---

① 参见中共中央马克思恩格斯列宁斯大林著作编译局国际共运史研究室.德国社会民主党关于伯恩施坦问题的争论［M］.北京：生活·读书·新知三联书店，1981：57.

② 季丰.国际共运史上的一大论战：关于恩格斯的《马克思<法兰西阶级斗争>导言》的争论和评论［M］.北京：社会科学文献出版社，1995：16.

着情况的改变而改变策略的必要性。你在有关的地方画上粗线。但是我和党内任何一个人在任何时候没有反对过策略必须适应我们生活和斗争的环境。毋宁说这是全党都承认的自明之理。"①倍倍尔认为，在制定策略的时候，决不能忽视党的基本原则和目的。德国的选举权与英国选举制度不同，在这里绝对排除任何一种自己单独的成功，它迫使我们支持敌对的政党，不是为了赢得什么，而主要是为了防止某些有害的事。而在英国则不同，那里的选举制度不管有什么问题，只要那里拥有一个强大的阶级觉悟的工人政党，它就可以取得自己单独的成就。

伯恩施坦强调，民主对社会主义具有关键意义。对于社会主义而言，民主是至关重要的，没有民主就没有社会主义，社会主义只是资本主义社会向完全民主发展的过程。马克思在《哥达纲领批判》中曾指出，"民主的"这一词在德语中是强调"人民当权的"意思，对于德国人民的劳动情况而言，他们已经充分意识到自己既没有当权，也没有成熟到当权的程度。②在资本主义社会中，资产阶级在一切重大的、深刻的、根本的问题上，不但不保护作为多数的无产阶级，反而对之实行严格管控。"民主"的发达并不能够真正协调资产阶级同无产阶级的对立；事实上，在"民主"社会中，一旦发生经济危机，一旦发生阶级之间的冲突，爆发内战或血腥暴力冲突的可能性是很高的。在以民主为自身原则的资产阶级社会中，我们经常可以看到这种矛盾：一边是虚伪的"人人生而平等"的口号，另一边则是饿殍遍野、无产阶级沦为奴隶的人间惨剧。因此，必须看清资产阶级的腐败和伪善。事实上，无产阶级民主在世界历史上得到了空前的发展和扩大。无产阶级的民主意味着被剥削者的联合，意味着全世界劳动者的民主，而这正是建立在剥削他人者的民主基础上的资产阶级民主所无法相比的。

伯恩施坦的种种观点是与他对于哲学的理解密不可分的。他十分敌视

---

① 中共中央马克思恩格斯列宁斯大林著作编译局国际共运史研究室. 德国社会民主党关于伯恩施坦问题的争论[M]. 北京：生活·读书·新知三联书店，1981：61.

② 马克思，恩格斯. 马克思恩格斯选集：第3卷[M]. 中共中央马克思恩格斯列宁斯大林著作编译局 译. 北京：人民出版社，2012：371-372.

辩证法，试图驳倒它，并用他个人的形而上学思想取而代之。在此基础上，他反动的社会发展的理论取代了马克思科学的社会发展理论，成为他推销和鼓吹的内容。在伯恩施坦看来，社会的发展不是辩证地运动着的，而总是形而上学的。这表现为，在社会生活中，非民主的社会组织形式越来越少，而民主的成分则越来越多。民主的制度在一开始总是微不足道的，它寄生于自由主义的制度范围之内；随着社会自然而然的发展，民主在社会生活中的地位也越来越重要，并最终成为整个社会最为重要、最为庞大的形式。至于民主社会形式的增生最终将走向何方，导致何种结果，伯恩施坦对此是毫不关心的，因为"最终目的"没有意义，"运动才是一切"。以此类推，伯恩施坦在审视其他社会领域时，也是以同样的眼光来看的。对于社会财富的分配问题，伯恩施坦指出，一开始大家都是贫穷的，贫富差距很大。而随着社会的发展，整个社会创造的总财富不断增加。在资本主义社会的财富分配模式下，以股份制公司等形式为代表，社会财富的分布不是向纵向，而是向横向发展了；这也就是说，整个社会的贫富差距越来越小，每一个穷人都越来越富有，"平民股东"意味着财富以股东分红的方式再分配到了国民之间。而社会财富的积累及其发展究竟"路在何方"，伯恩施坦是不想说清楚也说不清楚的；他只是含糊不清地说这个发展过程是缓慢的、渐进的，据说也是无限的，但其结局究竟如何，答案却是空白。但在伯恩施坦的理论中，有一点是格外明显的，那就是财富总量的增加与社会贫富差距的缩小是同向且正相关。我们无须"掀桌子"，采用革命的手段变革整个资本主义社会的生产关系及其分配制度。伯恩施坦认为，随着社会财富总量的增加，人与人之间的贫富差距将会自动地缩小。可见，在社会发展领域，伯恩施坦同样是否认辩证法的哲学基础的；他用一种粗糙的形而上学模式取代了辩证法，在此基地之上生长出来的社会发展理论也同样是僵死的、形而上学的。

伯恩施坦之所以如此敌视辩证法，是与他个人在政治路线上的设计分不开的。打击了辩证法，就可以打击马克思的社会发展理论；打击了马克思的社会发展理论，就可以影响社会民主党内部对于马克思理论的信心，从而夺取话语权。后世的麦克莱伦评价伯恩施坦几乎完全不懂哲学，事实也的确如此。由于自身在哲学上的无知和无能，伯恩施坦无法自己创造一套哲学话语系统，而只能从别人那里拿来现成的哲学思想；除了求助于非马克思主义的形而上学话语以外，伯恩施坦别无他法。伯恩施坦的蛊惑的确影响了一批对于马克思主义一知半解的动摇分子，但是，对于整个社会民主党而言，他的作用就微乎其微了。然而，无论如何，伯恩施坦对社会民主党纲领的破坏完全是有意识的、自觉的。按照伯恩施坦的设计，一切飞跃和中断的辩证性环节的确是被取消了。基于这种否认，伯恩施坦提出，马克思、恩格斯所主张的社会革命和政治革命也因此沦为了一种虚构。在当时的资本主义社会，还提出通过无产阶级斗争夺取政权，实行无产阶级专政，无疑是一种无稽之谈。伯恩施坦认为，当下社会民主党所面对的资本主义社会已经不同于马克思、恩格斯所处的时代，资本主义社会的基本矛盾已经缓和。在这种情况下，再去谈什么无产阶级的最终目的总是显得不那么合时宜。总之，对于伯恩施坦而言，社会民主党所坚持的阶级斗争的路线都是一些老掉牙的、没有意义的东西。

所以，为了顺应"时事"，伯恩施坦便提出了社会民主党的"新策略"。这种策略之"新"在于，他要让社会民主党放弃自身革命的阶级立场，即不再只是工人阶级或无产阶级的党，而同时要团结和代表民主资产阶级，提出民主和改良主义的纲领。依靠他们的力量，无产阶级的目标便也容易实现了。而同民主资产阶级联合的前提条件在于，社会民主党必须要放弃一些资产阶级不能够接受的目标，如社会革命和无产阶级专政。伯恩施坦主张用合作社来取代阶级斗争，因为他觉得这样更能同时使工人和资产阶级接受。在他看来，合作社是一种民主化的工业组织形式；在其中，工人可以成为"平民股东"，参与分红，分有一部分利润。这样一来，原本不平等的、极化的财富分布就变得相对均衡了。更重要的是，在伯恩施坦看来，成立合作社的方式代价更小，无须造成社会动荡，便可以实现社会的平等。两相权衡，代价更高的社会革命就成为不必要的、可以被剃掉的，而合作社则取而代之，成为伯恩施坦所推荐的路线。

伯恩施坦对马克思、恩格斯理论的修正是错误的。他之所以反对辩证法，不是基于某种更"先进"的哲学形态，而是完完全全倒回到辩证法之前的形而上学之中。与此相关联，马克思、恩格斯科学的社会发展理论也完全被伯恩施坦取消，而代之以一种肤浅的、表面的社会发展理论。这种理论认为，革命是没有必要的，整个社会可以改良地、自动地、渐进地步入社会主义。伯恩施坦自称自己对马克思、恩格斯的社会发展理论的修正是基于对当时社会发展新形势的考察，可实际上，他对于理论的修正并不符合事实。当时的德国社会正处在普遍的产业危机之中，资本主义并没有产生通过自身向好的趋势；德国工人的每一次罢工也都遭到了德国资产阶级及其爪牙和猎犬的围捕。不管怎样，作为社会民主党的领导人，伯恩施坦的修正主义理论都是对无产阶级及其事业的背叛。德国社会民主党一致谴责伯恩施坦的片面的批判，并且让伯恩施坦选择是放弃自己的行动，还是退出党。这表明了社会民主党决不会接受畸形的伯恩施坦的社会发展"理论"，以及以此为根据的背叛战斗的无产阶级的策略。

  伯恩施坦主张改良政策，极度赞赏议会制度和普选权的适用。而实际上议会制度和普选权纯粹不过是进行鼓动和宣传的手段，它们决不能给工人带来解放。迄今为止，议会制度只不过给空谈家和阴谋家带来发迹的机会，而使群众及其诚实的品质受到巨大损害。社会民主党应向工人揭穿政客每日都应受到谴责的背叛行径，从而防止犯严重的错误。只有在工人力量的组织成为事实，在人民代表获得明确的授权，并且他们会因忽视或蔑视这种授权而立即丧失其议席或在必要时受到更严厉的处罚之时，选举权才是公正的和真正普遍的。自1848年以来，在法国就证实了这种选举权的徒有其表，对于每一个没有受过教育、没有钱、没有社会关系的人来说，这个成就的价值是多么微不足道。所以，马克思强调，选举作为一种政治形式，其性质"并不取决于这个名称，而是取决于经济基础，取决于选民之间的经济联系"[①]。人类社会是一个复杂的整体，他们的行动不能超过基本经济条件为他们设定的

[①] 马克思,恩格斯. 马克思恩格斯选集：第3卷[M]. 中共中央马克思恩格斯列宁斯大林著作编译局 译. 北京：人民出版社，2012：340.

一定限度。无论人们如何推动民主潮流的发展，如果没有革命，没有一个新的阶级即无产阶级出现在政治舞台上，民主潮流本身就永远不可能实现所有制的根本平等。社会是由思想、权力和观念组成的系统，它们都有自己的内在逻辑，但都遵循着经济演进的基本逻辑，因而很难把它们分开，这只有借助人为的思维方法才能实现，很难将民主等制度的作用、科学的作用与经济力量的作用分开。

伯恩施坦称自己为民主的社会主义的改良者，而不是一个革命主义者。革命党不会拒绝改革和民主。马克思恩格斯也承认，民主当然也是工人阶级在夺取政权之后所要争取的目标。但同时，我们应当看到，民主是具有明确的阶级属性的，它从来不是一个抽象的、自持的概念。民主作为一种政治组织形式，属于上层建筑的范畴；归根结底，它是由一定的经济基础所决定的。在现代资本主义社会，资产阶级所宣扬的民主总是为资产阶级的经济基础服务。因此，拉着无产阶级去适应资产阶级民主的游戏规则，声称这是代表无产阶级的利益，毫无疑问，是没有根据的。伯恩施坦总是在抽象的意义上去宣扬民主，以为民主是普遍的、无待的，其超越于阶级的范畴，这纯粹是想当然和自以为是。在此理解的基础上，伯恩施坦大放厥词，提出我们要以实现民主为目标，放弃革命的阶级斗争，在不改变资本主义社会基本结构的情况下，自动地进入社会主义。毫无疑问，伯恩施坦的理解完全是建立在形而上学的基础之上的。他将两种本不对立的手段——社会革命和社会改革脸谱化、漫画化，将它们对立起来。其目的在于，说服社会民主党放弃实现社会革命的最终目的，而仅仅着眼于社会改革的手段。卢森堡反驳伯恩施坦，认为将社会主义和资产阶级激进主义区分开的唯一标准就在于是否坚持社会革命的最终目的。无疑，伯恩施坦放弃了这一最终目的，这就使得他在实质上背离了无产阶级的立场，转而祈求资产阶级的政治施舍，陷入机会主义的泥潭之中。这就要求我们必须坚持辩证思维，认清伯恩施坦改良主义的实质，避免陷入机会主义的泥潭。我们不能放弃革命权利，必须坚持通过无产阶级斗争取得无产阶级政权，正确理解科学社会主义，反对革命过时论。

（二）无产阶级革命斗争过时论

1. 伯恩施坦提出马克思革命过时论

伯恩施坦认为，马克思的革命理论，即通过阶级斗争夺取政权，从而实现无产阶级专政已经"过时"。在资本主义内部的社会性因素不断产生和发展的条件下，可以不通过无产阶级暴力革命而实现"和平长入社会主义"，这就是说，他否认无产阶级革命的必然性，提倡改良主义策略。资本主义国家具有伸缩性的发展能力，因而通过议会选举等和平的手段，无产阶级也可以取得政权，我们没有必要非得炸毁现有的国家机器，也可以通向社会主义。但以此方式，伯恩施坦并不能通向社会主义，他放弃了无产阶级的立场，宣扬"纯粹民主"，在实质上投靠了资产阶级。按他的主张，社会民主党就会被改造为一个改良主义的政党；虽然也需要组织和积极的行动，但拒绝采取革命的专政。他认为，随着资本主义民主制度和自由制度的不断发展和完善，社会主义能够在"等待"资本主义这一发展过程中逐步实现，完全可以"和平地"达到社会主义社会制度的目标。极度关注当前任务而无视"最终目的"，将社会主义运动的任务确定为积极地"发展"资本主义民主制度和自由制度，充分暴露出伯恩施坦实用主义的主张。

伯恩施坦修正主义中的实用主义特点是和当时世界资本主义的发展形势有关的。1873年的经济危机之后，各色的垄断组织在欧美各国都有所发展，这标志着资本主义由早期步入到了晚期，其主要特征由自由竞争迁移到了帝国主义垄断。实用主义强调策略灵活和追求短线利益，这符合帝国主义阶段资产阶级的生存策略。伯恩施坦的修正主义就迎合了资产阶级的这种迫切愿望。

伯恩施坦之所以提出马克思"过时论"，就是基于他的实用主义观点。在他看来，包括马克思认为资本主义必然灭亡的科学理论在内，都是错误的，因为从来就没有什么必然的东西。伯恩施坦的观点很可能受到了杜威的影响。杜威认为，马克思主义在其自称特别具有科学性方面已经"过时"。因为正像必然性和对于单一的包罗万象的规律的探求，代表19世纪40年代的智慧的风气，所以或然性和多元论则是目前科学的特征。杜威还提出了他的

"改善论"，即"相信一时存在的特别情势，无论其为好坏，是总可以改善的。"①杜威所主张的这种实用主义的改善论在伯恩施坦那里就是改良主义。这就是说，世界上的一切事物情形，包括现存的资本主义制度在内，都是可以加以改善的，而用不着非得通过革命来加以改变。伯恩施坦抛弃"最终目的"，强调"运动就是一切"，显然与之是一致的。伯恩施坦错误地理解了马克思主义的世界观，歪曲在每一特定时刻起决定作用的都是人们的生产关系这一历史事实，认为马克思、恩格斯作为德国理论家的"优越感"导致他们得出了错误的结论。此外，伯恩施坦还指出，马克思、恩格斯忽视党进行斗争的一切现实条件，幻想不顾安危消除障碍，这并不能给社会民主党以有效的经验，而只会鼓励党内的年轻人变得"有勇无谋"，不务实，不仅不能够实现他们所"幻想"的目标，同时也会沦为敌人的笑柄。

2. 伯恩施坦驳斥马克思革命过时论而凸显其改良政策的实用性

伯恩施坦强调以实用主义为特征的行动基准。他在《社会主义的前提和社会民主党的任务》英译本序中提到，他根本无法相信终极目的，而且也不能相信社会主义的最终目的。社会民主党的日常工作，"只不过是暂时应付的工作"②而已，因此都被半心半意地进行着。伯恩施坦坚持把一切都作为暂时应付的权宜之计的行动准则，如果不是实用主义，又是什么呢？实用主义的特点之一便是解构真理的根本性，而以效用上的有用性取而代之。真善美的一致性被瓦解了，真理仅仅意味着"好用"。就像俾斯麦的那句名言"真理永远在大炮的射程之内"，在实用主义者看来，不管是怎样的内容，只要有用，都可以被称作真理。真理只不过是一种权宜之计。这样看，伯恩施坦完全放弃了社会民主党人革命的信念，放弃了"没有用"的最终目的，而只顾当下"有用"的短期利益，这就出卖了无产阶级的立场。列宁指出，伯恩施坦不讲资本主义的根本矛盾，不看无产阶级的根本目的，而只是"随机应变"，着眼于当下眼前的利益以及微小的政治变动，不能完整把握资本

---

① [美]杜威.哲学的改造[M].许崇清 译.北京：商务印书馆，2004：105.
② [德]爱德华·伯恩施坦.伯恩施坦文选[M].殷叙彝 译.北京：人民出版社，2008：137.

主义制度演变的基本特点，仅仅为谋取实际的或可以设想的一时的利益而牺牲无产阶级的根本利益。在此，列宁充分揭露了伯恩施坦修正主义的理论实质，同时，也表明其实用主义性质。在《共产党宣言》中，马克思恩格斯已经明确指出："共产党人为工人阶级的最近的目的和利益而斗争，但是他们在当前的运动中同时代表运动的未来"[1]。这充分体现了共产党领导无产阶级运动的重要原则，以之为基础，我们能够实现对伯恩施坦公式尖锐的批判。

伯恩施坦对马克思恩格斯的原理断章取义，甚至他的解释与马克思恩格斯的原意完全相反。他"修正"了马克思主义的基本原理。伯恩施坦秉持修正主义的立场，强调我们不能拘泥于特定的阶级斗争路线，而应该灵活多变，"无所不用其极"。这里充分地体现出了他的实用主义的特点。马克思在《资本论》第一卷序言中曾指出，社会发展是有其客观规律性的，资本主义的社会形态并不是固定不变的结晶体，而是不断变化的有机体。伯恩施坦声称自己非常重视马克思的这些话，并且没有曲解马克思的原意。实际上是否如他所言呢？事实让人大跌眼镜。伯恩施坦完全将马克思的话给颠倒过来，他在将资产阶级民主纯粹化、普遍化的同时，也否认了资本主义是不断变化的有机体。他将资本主义视作固定不变的结晶体。这意味着，对于资本主义制度我们仅仅能够采取改良方式去适应它，而不应该采取暴力方式去消灭它。在1898年斯图加特代表大会上，革命派曾揭露和批判伯恩施坦的修正主义。奥艾尔为此书信伯恩施坦，认为他"是一只蠢驴，——这些事情不要讲出来呀，这些事情我们做就是了"[2]。也就是说，可以这样做，但不要这么说，这充分暴露了伯恩施坦等人长期的言行相违，口是心非。

列宁提到的同马克思主义内部进行斗争的"反马克思主义派别"，即伯恩施坦派，他们对马克思主义的否定及反对这种否定之间的斗争构成了20世纪初马克思主义发展史的主线。伯恩施坦提示人们关注并正视资本主义的

---

[1] 马克思，恩格斯. 马克思恩格斯选集：第1卷［M］. 中共中央马克思恩格斯列宁斯大林著作编译局 译. 北京：人民出版社，2012：434.

[2] 北京大学国际政治系. 国际共产主义运动史（上册）［M］. 北京：商务印书馆，1976：398.

新变化，这本身的确是无可厚非的。但是，关键问题在于他以此为噱头，要求人们重新认识马克思主义的资本主义"崩溃论"，反对无产阶级通过阶级斗争夺取政权，建立无产阶级专政，而主张"和平长入社会主义"的改良主义策略。他始终坚持以资本主义的新变化为借口，倾向资本主义制度，主张"顺着资本主义"，认为无产阶级和劳动人民不应去抵制资本主义的统治者把这一制度推及全球的殖民企图，也就是不要与资产阶级作对。伯恩施坦提倡阶级合作，强调相似力量的合作是社会发展的巨大动力，反对马克思主义关于阶级斗争的观点，认为它已经过时。

伯恩施坦注重对现实问题的实际考察，采取了实证的方式来进行判断。马克思、恩格斯在《共产党宣言》中强调，革命运动应该按照对于资本主义社会由于其自身的矛盾而不可避免地走向崩溃的预期来制定行动步骤。在伯恩施坦看来，这是缺乏道理的。《共产党宣言》中涉及唯物主义历史观一般原理的对于历史发展的总体判断毫无疑问是正确的，但是涉及唯物主义历史观的应用原理部分，即对于革命的具体策略、步骤、实施的判断则需要修正。从革命的长期性的角度来说，晚年恩格斯在《1848年至1850年的法兰西阶级斗争》的导言中承认了"错误"，指认了阶级斗争的长期性。由人们的物质生产关系所决定的社会基本形态在当下的时代还必将持续很长一段时期，因而马克思、恩格斯在1848年所做的预言也就不符合新的历史时期。有产阶级的数量并没有减少，而是增加了，因而整个社会没有加速极化。民主制度更加凸显其重要作用，随着工人阶级参与社会生活各个方面，而非单纯的物质生产领域，由资本家对工人的剥削所导致的社会分裂趋势得到了这一社会形态本身的反作用力，它在目前固然还是十分小心谨慎地摸索前行，但是毕竟已经存在，也就是说，资本主义、资产阶级也自觉或不自觉地改变了自身的存在形态。工厂立法、地方行政机构的民主化及其工作范围的扩大，扫清了工会和合作社在法律上的障碍，使工人组织在一切由国家机关分派的劳动中都能被考虑，这些都体现了工会在资本主义发展新阶段的特征。对于那些企图压制工会的人而言，这并不能说明他的政治觉悟发展水平高，反而表明了他的政治觉悟落后。

在伯恩施坦看来，无产阶级获得政治权利并非只有"华山一条路"，不一定非得通过阶级斗争夺取政权，建立无产阶级专政，用以反对整个资产阶级。伯恩施坦认为，马克思、恩格斯在《共产党宣言》1872年版的序言中就宣称，"工人阶级不能简单地掌握现成的国家机器，并运用它来达到自己的目的"。[①]1895年，恩格斯也指出，随着生产力的发展、生产关系的进一步变革、工人阶级革命意识的觉醒以及革命形势的变化，疾风迅雷式的革命运动已经成为过去。随着资本主义生产关系的进一步发展，人们生活和观念的方方面面都发生了巨大的变革，社会关系已不再像19世纪早期那样简单，社会已经不再简单地被分裂为两大阶级的对抗。因而以前那种直接的起义、暴力的革命、跟军队的大规模冲突已经不能起到变革社会关系的作用，相反，社会民主党采取合法的斗争手段却能够获得更大、更普遍的对于社会生活关系的改变，因而也能取得更大的成就。据此，他认为社会民主党当前的任务是"耐心的宣传工作和议会活动"[②]。由此，伯恩施坦认为，社会民主党必须放弃通过一次性的大革命、大变革，从而"一揽子"地变革全部社会关系，这是对于社会主义道路的不切实际的幻想，相反必须通过不懈努力用马克思主义的思想和民主斗争的政治手段把工人组织起来，带领他们采用合法的、民主的手段进行斗争。这种斗争形式不是从外部来颠覆式地推翻现有的生产关系和社会关系，而是让工人更加深入地、广泛地参与到当代资本主义的生产关系、政治关系、文化关系中，通过自己的不懈斗争来改变资本主义的社会关系。

工人阶级通过暴力革命夺取政权的斗争方式已经不现实，更何况夺取政权建立工人阶级专政也只不过是实现社会主义的手段而已，并非最终目的。因而，伯恩施坦主张，德国社会民主党当时最重要的任务是解决斗争策略的问题，即该如何扩大工人阶级的民主权利和职业权利，而非幻想着一夜之间

---

① 马克思，恩格斯. 马克思恩格斯选集：第3卷［M］. 中共中央马克思恩格斯列宁斯大林著作编译局 译. 北京：人民出版社，2012：95.

② 马克思，恩格斯. 马克思恩格斯选集：第4卷［M］. 中共中央马克思恩格斯列宁斯大林著作编译局 译. 北京：人民出版社，2012：394.

就能变革生产关系和社会关系。对此，倍倍尔在肯定伯恩施坦为将来准备研究这个问题和必须研究这个问题的人提供了方便的同时，又表明了立场："我不赞成伯恩施坦的观点，在一些重要的问题上我同他有分歧。"[①]伯恩施坦所说的并非简单的政治策略，而是涉及整个马克思主义的理论基础。他并不在意将来，而把目光集中于眼前。这反映了他没有将问题事件放到世界历史的视域中，从宏观全局，从总体去把握，与之相对，他更加侧重于当下的实际，局部的现实。从当前现存状况来看，伯恩施坦的主张的确具有一些合理性，但是，从根本上来讲就暴露了其问题所在，他并没有坚持辩证的革命的历史观和社会观，这就使他陷入了实用主义的陷阱。

3. 伯恩施坦背离社会发展规律坠入实用主义的陷阱

就当时德国资产阶级发展的实际情况而言，伯恩施坦能够敏锐地观察到社会历史条件的变化，并进行积极的思考，这一点是值得肯定的。但是，他的不足在于把马克思、恩格斯的政治经济学批判歪曲为抽象理论，把马克思、恩格斯对于历史形态变迁的科学认识歪曲为经济决定论，把马克思主义歪曲为教条主义。事实上，马克思、恩格斯并没有局限于当前的实际，而是超出实际，高于实际，通过辩证的思维来把握社会的发展，并根据资本主义社会的基本矛盾和本质对社会发展进行更高的预测，提出无产阶级必须通过革命来夺取政权的阶级斗争学说。对于不同时期采取的方式和手段，也不是固定的，马克思主义本就不是一个固定的、僵化的理论，它赋予我们的伟大智慧在于"革命的、历史的、辩证的方法"。伯恩施坦从现有的社会历史条件出发，观察到实际的变化。如果从实证的角度来看，这是没有问题的。而且马克思、恩格斯也没有否认实际条件的改变带来的影响，因此才会不断地修正和完善理论。当然，这在伯恩施坦看来就是在"承认错误"。问题的关键在于，伯恩施坦停滞不前，局限于眼前的局部的变化，而不能从世界历史的发展的、长远的、总体的角度，辩证地思考和判断，而这恰恰是马克思、

[①] 中共中央马克思恩格斯列宁斯大林著作编译局国际共运史研究室. 德国社会民主党关于伯恩施坦问题的争论[M]. 北京：生活·读书·新知三联书店，1981：43.

恩格斯的高明智慧之处，他们基于现实，同时又跳出现实，从世界历史的大背景视域中来对社会现实问题，对实际问题进行解析和判断。既不是那种脱离现实的空想，也不是那种禁锢于局部现实的实证主义，而是科学的社会主义，坚持了历史的和辩证的思维。

马克思主义不仅仅是关于社会形态发展的历史学说，更是批判现代资本主义的科学理论。它预言了未来资本主义灭亡的必然性，因而不可避免地会受到现实社会历史发展的考验。而历史的偶然性不能总是回应总体性理论的要求。然而，即使在实际的发展中没有完全证实马克思的预言，理论与现实的矛盾也只能对马克思主义的理论主张产生有限的损害。从逻辑上说，马克思主义理论主张关于理论与实践的辩证关系的概念，用来说明修改理论是合理的。从心理学上，对于革命的意识形态来说，对未来的美好愿望要比任何数量的对社会主义现实的合理分析更为重要。当伯恩施坦开始有一些怀疑，认为在社会主义运动中发动"大辩论"的时候，原来的理论还是适合于马克思主义者政治思想的。马克思主义者依然认真地把原来的理论当作理论，而不是仅仅作为一种祈祷词；同时尽管这种理论早已走上逐步固定化的道路，但是它还没有完全凝成一种正式的教条。直到后来，当革命的马克思主义者在一个国家内掌握了政权的时候，在这个国家里，按照他们自己的前提，他们不能够也不应当这样做了。

伯恩施坦的修正主义，不管是同目的有关还是同手段有关，是关系到目的的合理性还是关系到权术，也不管动机是出于人道主义还是出于专制，无论怎样，其结果必然是不仅在原来的马克思世界观的理论假定方面发生重要的变化，而且也在其历史的和哲学的看法上发生重要的变化。这些变化表现在革命性质、革命态度、革命进程等方面。革命性质不再表现为由生产关系与生产力所发生的不可调和的矛盾所导致的阶级斗争，而是表现为由先进工业国家的革命意识形态对于落后国家阶级斗争的影响所导致的改良主义；革命态度不再来源于落后的生产关系与先进的生产力之间的矛盾，相反倒来源于资本主义生产力与生产关系都不发达的国家；革命的进程恰恰受马克思所主张的革命条件的缺乏影响。这个同马克思的前提相矛盾的事实，突出了随后发生的困境：在工业化资本主义国家中，社会主义者如果离开政治，就会对政治事务无能为力，就不能继续保持革命性；而在非工业化国家中，革命则不能在19世纪原来的意义上继续保持社会主义者的称号，即不再是社会主义的。

伯恩施坦等人反对我们久经考验的基本原则，对社会民主党的基本观点进行攻击，这在阿·施塔特哈根看来，这种攻击是站不住脚的。作为一个革命党，在策略问题上，我们主张必须使人们的头脑革命化，这并非少数有教养的好汉就能实现和满足的，而只有使没有觉悟的广大群众达到革命化才能实现。社会历史过程是一个必然的过程，但马克思主义的唯物主义并没有把人类社会形态的历史变迁看作某种"自在自为"的东西，因而马克思主义的唯物主义不是宿命论的。最终目的不是微不足道，而是非常重要的，因此，在鼓动工作中，最终目的应该放在重要的地位上。因此，他提出："他将否决放弃最终目的的候选人。并让细小的社会改良见鬼去吧！"[1]他认为，这些改良可以在实行剥夺的过程中附带实行，作为一个必要的细小工作，但绝不是主要的事情。如果我们失去对目的的信仰，我们就放弃了社会民主党人的身份。

伯恩施坦拒斥无产阶级专政，在伯恩施坦看来，"无产阶级专政这个词是通过发表马克思的关于纲领的信才通用的。"[2]因此，只要强调"民主性质"，对党而言"也完全够了"。他甚至认为，现在时代已经发生改变，包括暴力革命和无产阶级专政在内，对于社会关系的"外科手术"式的变革已经失去了现实性和可能性。社会民主党没有必要坚持无产阶级专政。这一词句同无产阶级暴力革命一样，已经过时了。尤其是专政一词的实际意义已经不存在，唯有将其去掉，或者使之弱化，才能实现它与现实的一致性。无产阶级的自觉是高级文化而无产阶级专政则属于低下的文化。伯恩施坦认为，

---

[1] 中共中央马克思恩格斯列宁斯大林著作编译局国际共运史研究室.德国社会民主党关于伯恩施坦问题的争论[M].北京：生活·读书·新知三联书店，1981：263.

[2] [德]爱德华·伯恩施坦.伯恩施坦言论[M].中共中央马克思恩格斯列宁斯大林著作编译局 译.北京：生活·读书·新知三联书店，1966：260.

如果社会主义的实现只能通过从资本主义到社会主义的过渡形式,这种想法是倒退的,甚至表现为政治上的返祖现象。只要工人还没有在经济上建立起自治的组织,并且还没有通过在自治组织中的自我教育实现思想的独立性,那么无产阶级专政就仅仅是俱乐部演说家和文人的专政。十月革命后,伯恩施坦攻击苏维埃政权,认为它是"一个党的专政",是"奴役无产阶级",这些都是伯恩施坦反对无产阶级专政学说的表现。

伯恩施坦驳斥马克思、恩格斯拒绝议会民主同样也是站不住脚的,他认为与议会民主和社会改良相比较而言,马克思、恩格斯更加偏向走上革命的道路。伯恩施坦认为,在当时的社会形势下,更好的选择是选择议会民主和社会改良。伯恩施坦的这一认识背离了马克思、恩格斯的理论主张,认为在像英国和美国那样的国家可以通过和平而实现社会主义。马克思、恩格斯并不否认议会民主的形式。恩格斯也曾指出,和平的社会变革是非常重要的,并且也期盼着一场非暴力的革命。但是,资本主义社会现实使马克思、恩格斯更加清醒地认识到,必须对议会民主保持清醒的头脑,虽然在形式上他们采取了民主的方式,但是实际上无法实现真正的民主。因为,资产阶级秩序中的议会,不会成为对既得利益的反抗力量。它作为国家政权的组成部分,难以为人民所控制,其作用是为了确保资本对劳动力的控制。英国议会就是"守护财产的堡垒"而已。议会和政权更多代表的是私有财产的利益,而不是广大人民群众的利益。马克思所提出的社会发展理论并没有过时,他的理论仍然不断地被现实历史所证实着,资产阶级与无产阶级之间的矛盾仍然十分尖锐。伯恩施坦等人出于狭隘的偏见,认为马克思主义"过时"了而加以拒斥,对马克思革命理论进行批判。资本主义的长期存在和在不同时期具体样态的多样化,容易让很多人忘记工人阶级现在所获得的权利都是在血和眼泪中产生的。但是,马克思从来没有患上这种资本主义的健忘症,他生活的时代也给他的思想打上了深深的烙印。

第三章　对伯恩施坦修正主义的批判与超越

通过以上分析，我们明确了伯恩施坦修正主义的基本主张，探究了形成这一思想的理论根源，阐释了伯恩施坦修正主义的理论实质，通过剥洋葱式的研究进程，逐层暴露了其问题所在。在此基础上，我们进一步思考如何对伯恩施坦修正主义进行批判与超越的问题。本章结合卢卡奇的总体性辩证法和列宁的革命辩证法，探寻他们是如何对伯恩施坦修正主义进行批判与超越的。伯恩施坦修正主义在批判马克思主义辩证法的同时，导致理论与实践相互脱节。与此相反，中国共产党领导全国各族人民在社会主义革命、建设和改革进程中，坚持理论与实践的辩证统一，坚持和发展了马克思主义辩证法，走出了一条中国特色社会主义发展道路，实现了马克思主义理论与中国具体实际相结合，深化了马克思主义中国化的理论研究和实践探索，探寻坚持和发展马克思主义的正确路径和有效方法。

一、卢卡奇的总体性辩证法

伯恩施坦修正主义背离了马克思主义辩证法，从而导致伯恩施坦歪曲了无产阶级革命斗争理论，并主张从实证主义出发，通过改良政策实现社会主义。卢卡奇深刻地指出了伯恩施坦等修正主义者对于马克思主义辩证法的背离，指出正统的马克思主义不是对于某本圣书的理解，而是马克思主义中辩证的方法。伯恩施坦等修正主义者抛弃辩证的方法而采取实证主义的方法认识社会发展进程，最终只能走向改良主义。卢卡奇通过对于什么是"正统马克思主义"这一问题的追问，重新确立了辩证法在马克思主义哲学中的核心地位，并且认为无产阶级能够深入社会发展的辩证结构中，通过无产阶级自我意识的觉醒，打开历史社会发展的现实空间，进而从根本上改变社会现实。

（一）历史过程中的主体和客体辩证统一关系

1. 伯恩施坦背叛了马克思主义辩证法

伯恩施坦修正了马克思主义的理论，用实证性取代辩证性，用局部性割裂整体性，用改良性抹杀革命性，这些观点无不渗透着伯恩施坦修正主义对马克思主义辩证法的背离，这一背离突出体现在他们将理论和实践、内容和形式相分离，忽视在这一过程中两者的相互作用及统一，进而导致理论与实践，内容和形式的对立。如前所述，伯恩施坦修正主义具有宿命论和唯意志论的倾向，他极力倡导改良主义，高度评价当前政治运动的重要性。但是宿命论和唯意志论并不是在绝对的意义上对立的，如果从辩证的和历史的观点来看，两者也是相互补充的关系。为此，伯恩施坦提出"回到康德去"。用康德的批判理论来化解问题，这也正是伯恩施坦修正主义的哲学前提。也就是在二元对立的基础上看待理论和实践、内容和形式等问题。但是伯恩施坦并没有意识到这一方法的局限性，反而将这种分离当作一种科学的进步，认为抹杀辩证的方法的非批判的唯物主义才是真正的科学的方法。当然，谁也不否认"批判"有这样做的权利。但是，卢卡奇指出，伯恩施坦采取这样的方式完全背离了马克思主义辩证法的最核心的本质，而这一核心本质表现为理论和实践的统一。

在卢卡奇看来，只能在社会领域坚持理论和实践相统一的原则，如果将其运用到自然界则必然引起混乱。伯恩施坦正是主张采取实证主义的认识方式认识现实，而反对辩证法，他认为应该将马克思主义哲学中黑格尔辩证法的因素摒弃，从而"事实求是""不偏不倚"地分析社会发展现状，得出最科学的经济和政治结论。伯恩施坦主张不通过革命手段和平"长入"社会主义。由此可见，伯恩施坦根本无法理解马克思主义辩证法的核心在于坚持理论与实践、形式与内容的统一，更不能看到它们是同一东西的两个方面。

伯恩施坦从现存的社会条件出发，对马克思的基本理论和方法进行驳斥，他并没有意识到这种日常斗争中所看到的仅仅是结果，而不是产生这种结果的原因，虽然表面上看资本主义趋势有所缓和，但是却无法改变其阶级实质和它的方向，这意味着通过改良主义只能获得暂时的止痛，而无法根除病症。伯恩施坦提倡"回到康德去"导致的结果是，利用康德提出的伦理问题，把我们引回到自在的东西上，去解决没有被克服的方法论的问题。这个方法论的问题所涉及的就是形式与内容的关系问题，而其中的内容所涉及的就是康德"自在之物"，而这自在之物涉及的是事实的不可熔化问题即物质的非理性问题。当全部问题被重新提出来时，最为首要的问题就是解决自在之物的非理性的问题。如果将这一问题进一步具体化，那就是实践要实现的最重要的目标就是重新将内容的重要性凸显出来。伯恩施坦回归康德，诉诸物自体本身，没有做到超出自身的局限，达到从自在到自为的发展，反而禁锢于自身之内、自在之中。他未能把握住历史过程的主体和客体的辩证统一，始终坚持摒弃辩证法，而力求采取自然科学的方法解决现实的问题，因此，这就必然导致他滑向庸俗唯物主义的行列。

在现实发展中，我们怎样才能实现实践和理论的统一呢？事实作为客体，只有与主体发生关系，经主体出于自己的认识目的而对之采取不同的方法，并反复加工后才能使之变成事实。这一点对于短视的经验论者是难以把握的。伯恩施坦就是如此，他忽视主客体的统一性，仅仅认为现存的事实才是重要的，而他所谓的事实只是一些现实存在的孤立的事实，甚至经济学中的统计数字，或者某一素材都是他所认为的事实，对"事实"不进行说明，而只是简单的罗列。但是，在这个过程中，列举本身就带有一种"解释"性的因素在里面了，也已经被某一理论或者方法所把握，它们本身就不是单纯孤立地存在着地单个事实，尽管这种事实在伯恩施坦看来非常具有科学性和说服力，但是它毕竟被一种理论整合过了。所以，一些机会主义者虽然讨厌甚至憎恶一切理论，但是，在这一点上他们却丝毫不加以质疑。伯恩施坦等修正主义者以自然科学的方法论为范本，通过观察、抽象、实验等取得"纯"事实，并将它们用一个"也"字外在地联系在一起，想要通过这种认识方式来消解辩证法的强制结构。伯恩施坦便是如此践行，他极力歪曲辩证法强奸事实，而主张采取实证的方式，将主客体分开，不带主观上的偏见，但是，在卢卡奇看来，这在历史过程中无法实现主体和客体的辩证统一，最终只能导致走向实证主义。

2. 卢卡奇强调在历史过程中以总体性思想把握主客体辩证统一的中心地位

卢卡奇指出，正统的马克思主义的实质就在于，对最为细致的问题展开的具体的研究，既不能离开重大的社会过程的"总体性"，也不可忽视人类历史的过去和未来。这充分体现了卢卡奇的历史性、总体性思维。在卢卡奇看来，马克思的辩证法是对黑格尔辩证法思想的逻辑发展。卢卡奇认为，是否采取辩证的方法才是判定某一理论流派是不是正统马克思主义的方法，如此看来，抛弃了辩证法也就否定了马克思主义，我们只能沿着辩证法指出的方向前进，才能洞察马克思主义的真谛，了解社会的真正诉求。卢卡奇的辩证法被学界称为"总体性辩证法"。

卢卡奇强调马克思主义的黑格尔来源的重要性，在对马克思的哲学阐释中，将"总体性"范畴作为马克思主义辩证法的基础。伯恩施坦由于对马克思主义辩证法的偏离，忽视历史主体与客体在现实运动的相互作用，以及两者的统一性，进而导致他倾向实证主义。这对于坚持马克思主义辩证法，并反对实证主义的卢卡奇而言，是无法接受的。对伯恩施坦的庸俗进化论和实证主义进行抨击，这既有利于帮助人们正确地理解马克思主义辩证法，也有助于为列宁主义提供哲学基础。但是，在理论思考中，对恩格斯的自然辩证法思想存疑，卢卡奇认为，它与辩证法理论本身是截然相反的。与此同时，对列宁坚持的"反映"论作为马克思认识论的本质也提出怀疑。卢卡奇认为马克思主义历史观具有整体性，是对于自由与必然、是与应是的传统上两难推理的解除。

卢卡奇总体性辩证法强调主客体的统一，主体并不是仅仅作为认识主体而存在的，同时也是作为生产过程中的客体而存在的。但卢卡奇指出，只有无产阶级能够意识到自己的辩证本性，最终实现无产阶级革命的胜利。之所以如此，在卢卡奇看来，是由其阶级地位造成的。由于资产阶级在资本主义社会中是既得利益的获得者，在主观上不想推翻资产阶级的统治，从而逐渐丧失自己的革命性，而无产阶级由于被剥削、被压迫的处境，认识到自己的辩证本性对于无产阶级来说是生死攸关的问题，想改变自己被剥削、被压迫的命运，必须进行反抗与革命。在客观上，资产阶级作为资本主义社会中的主体和客体的两种状态是相互分离的，从主体意识上看，单个的主体意识并不能把握整个客观现实，只能对其进行细枝末节的分析，而在现实中，个体的活动也是仅仅作为现实生活中的客体而存在的，行动与意识并不是统一的关系。而对于无产阶级来说，主体和客体并不是以双重性的方式存在着，正如卢卡奇所指出的那样，当单个工人以为自己是生活的主体时，现实情况就会给持有这种想法的人致命一击，让其认清真正的现实情况。所以无产阶级暂时是作为社会生活中的客体而存在的，即作为被整合到合理性的生产系统中的商品而存在。但工人毕竟不是单纯的商品，他还有作为人的意识，他可以深切地感受到压迫和剥削，并且无产阶级是作为经济发展中的主动轮而存在的，一旦自我意识觉醒，这种意识便会作为一种实践的力量作用于现实生活中，从而改变现实，实现革命的胜利。这也是为什么卢卡奇认为，只有无产阶级可以承担起改变现实，实现无产阶级革命重任的原因所在。

由于伯恩施坦没有正确认识到主客体的辩证统一性，而是在实证主义的意义上认为，作为认识的主体要对于社会现状本身进行"实事求是""不偏不倚"的研究才是真正科学的方式。这种认识方式不仅没有认识到真正的现实，而且还掩盖了主客体辩证法中蕴含的革命性，从而提出"反对崩溃论""和平长入社会主义"等主张，背离了马克思、恩格斯的革命事业，成为资本主义社会隐藏的捍卫者。卢卡奇指出，马克思关于革命和社会主义的理论是基于对生活的全面理解，而这一点对于那种琐碎的事实的分析来说是无法实现的。而伯恩施坦修正主义以经验主义为理论基础，总是诉诸事实，认为从事实到社会革命没有什么逻辑的过渡。卢卡奇认为，仅仅按照事实直接给予的方式来说明事实的理论，只能使自身囿于资本主义社会之内。要理解事实的意义，就必须在"具体的整体"中认识和把握它们，就必须发现事实与整体之间的"中介"。由于整体包含着部分，所以每一个部分也能够得以考察，在考察部分的同时，整体也得到了辨明。事实不是最终的实在，而是整体中人为地孤立存在的方面。

所以，贯穿历史的整个趋势要比经验材料更加真实。整体是某一动态的现实，它包括某种趋势、方向和结果在内，也就是现在、过去和未来的统一。绝不仅仅是某一特定时刻构成现实所具有的特殊方面的事态。然而，未来就离不开通过预见性的创造性活动来创造。这意味着整体是可以预期的，现存的事实也只有与未来相关联才能被认识。这成为卢卡奇批判伯恩施坦修正主义的改良主义思想的重要依据。因为，在伯恩施坦等修正主义者看来，当前的任务才是最重要的，而最终目的则是不重要的。但是，在马克思看来，实际进行斗争的每一个活动，都不能脱离开革命的前途进行理解，如果不能在总体性的视域中将两者结合起来，既不能了解单个斗争事件的真实意义，也不能明白作为总的进程的最终目的的意义是什么。伯恩施坦忽视总的革命目标，只注重当前的、暂时的任务，最终只能忽视革命性的理论进程，从而走向改良主义。如此，卢卡奇赞同列宁和卢森堡的辩证的、革命的立场，而如何最终实现革命的胜利则是卢卡奇一直牢记于心、时刻不忘的。

3. 卢卡奇理解马克思主义辩证法的实质在于总体性的革命辩证法

卢卡奇认为，辩证法最重要的性质就是革命性，而辩证法的革命性主要体现在理论和实践的统一上，马克思指出，"理论一经掌握群众，也会变成物质力量"[①]。对于这一问题，卢卡奇进一步思考的问题是，我们是如何发现掌握群众的方法与把理论变成革命的物质力量之间的辩证关系。如果不厘清这一关系，掌握群众只能是一句空话、一个抽象的理论理想。群众选择资产阶级的理论还是无产阶级的理论是一个充满偶然性的选择，这样来看，意识的产生与行动没有真正必然的联系，而卢卡奇要做的就是将理论与实践真正地、具体地统一起来。

而将理论和实践真正地、具体地统一起来，探寻意识的产生与行动的必然联系，要从历史的发展入手。卢卡奇认为，"历史恰恰就是人的具体的生

[①] 马克思，恩格斯. 马克思恩格斯选集：第1卷[M]. 中共中央马克思恩格斯列宁斯大林著作编译局 译. 北京：人民出版社，2012：9.

存形式不断彻底变化的历史"①。换句话说，历史并不是一经生成就固定不变的历史样态，而是不断向前发展的历史过程。对于历史的研究，我们并不是作为外在于历史的研究者对某一个历史事件进行如实记载或分析，而是作为历史发展过程中的一个有机环节，参与到历史发展过程中去。但是历史并不单纯是人自身活动的产物，也是人的活动形式、人对自我关系的一串彻底变化的过程，而这一发展过程被我们的意识所把握和具体地再现出来。但是这并不意味着卢卡奇认为，历史事件的发生以及社会发展的范畴结构是在历史上重新出现，或者是因为相继出现而被联系在一起的。而是"它们之间的联系更多的是通过它们在总体中的相互作用而形成的"②。也就是说，历史和把握历史的范畴并不是像伯恩施坦所指出的那样，是单纯的认识形式和认识内容相分离的关系，而是具体地统一在历史发展过程中。

如前所述，理论和实践统一在历史的发展过程中。由于历史的思维觉察到了思维和存在的同一，它们具有一种固定的物化结构，非辩证的思维就不得不面临着不可解决的问题。思维和存在的固定不变的对立，造成了它们相互之间不能处在一种反映的关系之中，造成了正确的思维标准只能到反映中去寻找的矛盾。而对于理论和实践的辩证关系，人们往往采取直观的态度，对自己的思维和周围的经验对象的关系作为直接的关系，把它们当作历史的现实已经造就了的东西。因此只想认识世界，并不想改造世界，进而认为经验的物质的、存在的、一成不变和逻辑的、概念的一成不变是必然的。按照马克思的观点，实践具有它客观结构上的前提，现实是"过程的集合体"，较之经验的、僵化的、物化的事实，历史发展的倾向代表的虽然是产生于经验本身，但是绝不是彼岸，而是更高级的、真正的现实。也就是说，现实是生成的，而不是现成的。事物在过程中的变化使由于存在着的事物的矛盾而给思维提出的所有具体的问题都得到具体的解答。这就要求，必须克服哲学

---

① ［匈］卢卡奇.历史与阶级意识［M］.杜章智，任立，燕宏远 译.北京：商务印书馆，2014：284.

② ［匈］卢卡奇.历史与阶级意识［M］.杜章智，任立，燕宏远 译.北京：商务印书馆，2014：284.

和专门学科的、方法论和事实知识的在方法论上的二重性,才能找到从思想上消除思维和存在的二重性的途径。任何一种想在脱离了和存在的任何一种具体关系的思维中、想在逻辑学中辩证地克服这种二重性的尝试,都是注定要失败的。无产阶级只有具备实践的阶级意识才具有改造现实的功能。将两者对立起来进行考察,认为理论是外在于实践而对实践进行指导,但是在卢卡奇看来,理论本身就是一种实践,两者不可割裂开来进行考察。如果将这两者对立起来进行考察,两者之间就会出现一个不可跨越的鸿沟,并不能作为革命的理论指导革命。将理论和实践进行直观式的理解,就容易造成将理论看作对已经存在的现实状况的理论把握,而忽视理论对于现实的塑造作用。而现实本身并不是孤立的事实,而是社会发展过程,也就是说,现实是生成的,而不是现成的,在这一过程中,理论和实践是同一发展过程的两个方面,不能将其对立起来。

由此,卢卡奇认为,只有满足以下条件,理论和实践才能真正统一起来,那就是意识的产生要成为历史过程为达到自己的目的必须采取的步骤,而意识形成的理论将上述步骤实现出来,使其成为在历史上的环节,在出现一个阶级将上述两个步骤整合起来纳入自己的历史活动中时,理论和实践才能真正统一起来,而只有在理论和实践统一的情况下,真正的革命理论才能产生出来。由此我们也可以理解,马克思所指出的"光是思想竭力体现为现实是不够的,现实也应该力求趋向思想"[①]。理论和实践不是二元对立的关系,而是相互渗透与相互生成的关系。卢卡奇认为,这种局面实际上随着无产阶级进入历史便出现了,但是由于无产阶级的革命意识暂时被掩盖,导致其没有进行革命的动力,所有要实现无产阶级革命的胜利,当务之急就是要唤醒无产阶级的阶级意识。

[①] 马克思,恩格斯.马克思恩格斯选集:第1卷[M].中共中央马克思恩格斯列宁斯大林著作编译局 译.北京:人民出版社,2012:11.

（二）唤醒无产阶级的阶级意识

1.伯恩施坦对无产阶级的理解

辩证法作为一种科学的方法，不能随意地实现从一个对象变到另一个对象。辩证思维是生活现实的能动的成分，不仅仅是作为现实的认识方式，而且是作为一种方法被运用，只有通过这一理论意识的觉醒，变革才能得以发生。这就意味着，任何人都不能脱离他的政治地位和社会义务就能够采用辩证的方法。按照马克思的观点，历史过程的真理只有根据具有更首创性的阶级观点才能被揭示出来，这一阶级注定要从根本上变革整个社会生活并且要消灭阶级社会。无产阶级革命如果没有无产阶级对于自己社会地位和被赋予命运完全的、清醒的自我意识，就不可能实现。伯恩施坦认为，马克思只能满足于历史描述，但是对于论证社会主义是人们渴望的和不可避免的则是不可能也不必要的。但是，卢卡奇认为，进化论者和新康德主义无论如何都是从实质上的非马克思主义立场来进行论述的，他们追随康德而认为，现有和应有的二元论才是理所当然的。但是，马克思主义是世界革命化了社会过程的表述和自我意识。这种自我意识的主体，即无产阶级是在变革现实的每一个活动中理解现实的。只有无产阶级的特殊利益能与人类的利益相一致，这不是偶然的事件，而是一个原则的问题。无产阶级获得了自我意识，即历史必然表现为并且必须表现为自由活动，即因为完全的意识而得到的自由，消除伯恩施坦修正主义的康德主义和进化论错误。

卢卡奇认为，进化论者和新康德主义者无论如何都是从实质上的非马克思主义立场来进行论述的，他们追随康德而认为，现有和应有的二元论才是理所当然的。但是，马克思主义是世界革命化的社会过程的表述和自我意识。这种自我意识的主体，即无产阶级是在变革现实的每一个活动中理解现实的。只有无产阶级的特殊阶级利益能与人类的普遍利益相一致，这不是偶然的事件，而是一个原则的问题。无产阶级获得了自我意识，就意味着历史必然表现为主客体相统一的运动，即因为无产阶级由于其完全的阶级意识而成为这种主客体所产生的运动。卢卡奇通过这种历史性的、总体性辩证法来消除伯恩施坦修正主义的康德主义和进化论错误。

伯恩施坦对现代无产阶级的构成进行了分析，他认为这个"无产阶级"成分过于复杂，是各个阶层的混合物，而且这些阶层之间的差别也较大。并不是像《共产党宣言》中马克思、恩格斯所预见的那样，是同一类型的、在财产和家庭等方面处于同样恶劣处境的群众。尤其是在先进的工厂工业中，存在着一套完整的由分化了的工人组成的等级制度，在它的各个集团中间团结感不强。在伯恩施坦看来，这种职业分化的反作用在德国工人运动中也是非常有效的。政治运动占优势，工会受到人为的压制，工资水平和劳动时间的差别在德国普遍比在英国要小。伯恩施坦认为，以处境的某种形式上的类似为根据而推论出行动上的实际的同一性是虚假的。只有对极少数人，才能假定或者指望他们对于超出单纯改善劳动条件之上的努力存在着认真的意愿或理解。工业工人对于社会主义生产的渴望大部分与其说是确定的事情，不如说是假定的事情。伯恩施坦认为，没有办法断言支持社会党的选票都来自社会主义者，而且选票与其说是表现了一种确定的志向，还不如说是表现了一种不确定的愿望。

　　伯恩施坦基于资本主义社会发展的新形势，对无产阶级进行了再认识，歪曲马克思主义的无产阶级专政理论，将无产阶级和资产阶级进行思想上的调和。但是，无产阶级产生于资本主义社会，是作为与资本主义相对立的阶级而产生的，在对立的过程中，资产阶级体现为保守，而无产阶级表现为破坏，前者产生保持对立的行动，后者会采取消除对立的行动，即无产阶级斗争。资产阶级私有制在资本主义的经济运动中自己把自己推向灭亡，这就需要无产阶级从理论上意识到这种运动，并清醒地认识到只有打破束缚的所有枷锁，才能解放自己。

　　2. 卢卡奇驳斥伯恩施坦对无产阶级使命的歪曲

　　伯恩施坦主张，无产阶级应该从目前局势的既定事实出发来采取行动这是无可厚非的，但伯恩施坦修正主义的根本问题就在于使自己处在资产阶级的意识水平上进行思考。结果，无产阶级的行动缺乏统一性和凝聚力，无法适应客观的经济倾向。但是真正的阶级意识的力量和优势在于可以将相互孤立、相互分离的情况统一为社会的总的发展趋势。无产阶级必须正确地认识自己的阶级地位，使其自身在思想上达到成熟。而无产阶级只有进行革命与斗争才能最终解放自身。卢卡奇指出，无产阶级与资产阶级有着内在矛盾，这也是和无产阶级的经济地位促使它必然采取的行动相适应的，无产阶级必须以无产阶级自己的方式采取行动。越是接近它的目标，它的阶级意识即关于自己历史使命的意识的作用就越重要。卢卡奇根据资本主义社会内在的固有矛盾，把个别的经济因素纳入对于现代社会整个运动过程的辩证考察之中，从而把它们与全人类解放的终极目标具体地、辩证地统一起来。这就意味着，无产阶级的阶级意识是作为直接利益和对整个社会的客观影响辩证地统一于阶级意识自身之中，而不是在与现实相对的彼岸将其产生出来。无产阶级革命的胜利就不像以前的阶级那样，无产阶级只有扬弃自身，把阶级斗争进行到底，实现无产阶级社会，才能完善自身。

无产阶级和资产阶级所面对的是同一个现实世界，即已经被物化结构所统治的现实世界。但是在面对这一现实世界时，资产阶级与无产阶级所采取的态度是截然相反的。资产阶级所采取的是一种直观的态度，即直接将资本主义社会中的物化结构接受下来，因为他们的这种直观态度本身就是资本主义社会物化结构的产物，所以他们根本无法超越这种直观性的态度。而无产阶级所采取的则是一种实践的态度，面对资本主义社会的直接现实情况，无产阶级作为资本主义社会中主客体相统一的阶级，能够深入现实的辩证结构中。因为无产阶级在资本主义社会中既是社会的客体，又是社会的主体，作为社会的客体的无产阶级同样受到物化结构的统治，其意识也被物化结构所渗透，其阶级意识停留于物化意识的水平上。但是，无产阶级同时又是社会的主体，他并不是一味地直观、接受物化的结构，而是从实践出发，直接面对他身处其中的物化结构，通过超越自身物化了的阶级意识，从无产阶级的对象意识发展到无产阶级的自我意识，而无产阶级的自我意识从根本上说是一种实践的阶级意识。卢卡奇正是通过唤醒无产阶级的自我意识，进而在这种普遍的、实践的阶级意识中把他所面对的直接的社会现实打开，把握到真正的社会现实，实现自身的解放。因此，在卢卡奇看来，要想完成无产阶级的历史使命，必须唤醒无产阶级的阶级意识。

3. 卢卡奇提出通过无产阶级意识觉醒使无产阶级斗争得以实现

卢卡奇通过捍卫马克思主义辩证法的方式捍卫了马克思主义的正统，并且揭示出辩证法最本质的特性是革命性，并指出只有无产阶级可以深入社会现实的辩证结构中，打开社会现实的中介结构，从而改变现实。卢卡奇指出，在无产阶级的现实运动中，阶级意识是十分关键、不可忽视的一个环节。因为只有当无产阶级意识到自己的生存处境并具有坚强的革命意志时，无产阶级才能实现革命胜利。在一定的意义上可以说，阶级意识并不是外在于革命过程的空洞的、抽象的意识形态，而是作为一个环节内在于革命过程中，它与革命过程是同一个总体性的发展过程。但是，卢卡奇又进一步指出，由于资本主义的物化结构已经蔓延到人的意识，革命意识被物化意识所掩盖，想要实现无产阶级革命的胜利，必须唤醒无产阶级的阶级意识。

要唤醒无产阶级意识，先要分析一下无产阶级的阶级意识为何被掩盖。卢卡奇认为，商品拜物教问题是资本主义社会中最为显著的问题。随着资本主义社会的进一步发展，尤其随着生产过程领域中泰勒制的推行，掩盖着人与人的关系的物与物的关系日益具有了一种合理化的形式，这种合理化是以可计算性为其原则的，所有不可被计算的质的差异性都被合理化的原则过滤掉。工人作为商品也是被换算成可计算的劳动量被整合进合理化的生产系统中，这导致工人作为生产者是内在于整个系统化、合理化的生产系统的，他只是作为生产系统的一个组成部分参与整个生产过程，这样一种物化合理化的生产方式逐步渗入人的意识领域，本该是自由的、具有批判维度的意识面对这一被物化过程逐渐麻木不仁、无动于衷，从而采取一种直观的态度，不再起来反抗和斗争。这种意识被卢卡奇称为"物化意识"，物化意识是物化结构在意识中的表现。

这样一来，对于雇佣工人来说，不管是在客观上还是在主观上都不成为生产过程的主人，资本主义物化形态随着社会合理化过程的加深，已经达到其最高的程度，物化结构已经不仅仅存在于经济领域，而是蔓延到社会的所有领域。在这一意义上，卢卡奇指出，"在合理技术基础上的严格合理的劳动组织，没有一个地方是在这种结构不合理的国家制度内产生的，而且也绝不可能在那里产生"①。也就是说，所有的领域都按照商品形式的原则进行运作，所以在法律领域、新闻领域，甚至在哲学领域，都有物化意识渗透于其中，在卢卡奇看来伯恩施坦的修正主义理论正是物化意识的典型表现。在一定程度上可以说，在卢卡奇生活的时代，物化结构不管是在生产过程领域还是在思想意识领域都对人进行了统治。

如何突破物化意识，唤醒无产阶级意识？卢卡奇主张必须深入历史发展过程中去。卢卡奇认为，资产阶级和无产阶级所面对的都是当下的资本主义社会的物化现实，但是对于资产阶级来说，由于其自身的经济地位，他作为资本主义社会的既得利益者，主观上并不想推翻资本主义社会的物化结构，但是由于无产阶级是作为被压迫的阶级存在的，超越物化的现状对于他们来说则是一个至关重要的问题。而这种超越必须深入历史发展过程中，意识到自己是作为历史发展过程中关键的一环而存在的，自己既是作为生产的客体存在也是作为生产的主体而存在的，无产阶级可以通过自己的力量参与到历史的发展过程中，打开历史发展的空间，从而达到改变现实的目的。因为无产阶级的意识表现为历史辩证法的固有结果，它本身也表现为一个辩证的运动过程。

这种辩证法最明显的体现在于工人虽然是作为商品、作为可计算的劳动时间参与到社会的发展中，但是工人并不仅仅是单纯作为商品而存在的，他还是作为一个人的存在，时间对于工人来说并不仅仅只具有被换算成劳动量的意义，还首先是人作为人的质的存在。但是合理化的生产过程剥夺了工人作为人的时间的性质，将其下降到作为劳动时间的量的可计算性的水平上，并被进一步以合理化为原则被整合进整个生产过程中，时间只是作为可计算性的量而存在，在这一意义上，时间被凝固化了。这一社会现象，卢卡奇将其称为时间空间化。如果说法律工作者、新闻工作者还沉浸在温情的圈子意识中没有感受到物化系统带来的压迫和禁锢，雇佣工人则是物化结构中首当

---

① ［匈］卢卡奇.历史与阶级意识［M］.杜章智，任立，燕宏远 译.北京：商务印书馆，2014：164-165.

其冲的被压迫者。卢卡奇认为，无产阶级意识中还有尚未枯萎的革命的灵魂，因为工人最明显地感受到这种压迫，并对这种压迫深恶痛绝，工人能认识到自己除了被物化的命运还有其他生存方式，这对于工人来讲是至关重要的，也是卢卡奇极力主张唤醒无产阶级意识的关键所在。

这个关键点在于工人阶级要意识到自己是商品，这是一种自我意识的展现。自我意识与对象意识不同，对象意识带有一种偶然性的意识，我可能偶然意识到商品是我，但是这仅仅是一种偶然性的意识，这种意识还是散落的、个别的意识，不能够支撑起整个无产阶级革命。显然卢卡奇想要唤醒的并不是这种意识，而是具有普遍性的革命意识，也即自我意识。具体来说，自我意识意味着不只是我具有这样的意识，而是跟我处于同样条件下的工人都具有这种意识，这是一种普遍性的意识，这种意识是从工人阶级自身生发出来的，而不是通过灌输等方式灌输给工人阶级的。工人的这一阶级意识一旦觉醒，工人作为经济发展中的主动轮的地位就随着工人自我意识的觉醒而觉醒了，并且这种意识一旦觉醒便是一种实践的认识，这种意识作为现实发展中一个重要的环节使它所认识的客体也发生了一种对象性的、结构性的变化。当然，个别工人的力量不能推翻物化统治，只有广大的无产阶级联合起来才能推翻资产阶级的统治。因此，卢卡奇的阶级理论里蕴含着一个无产阶级革命理论家的革命乐观主义，卢卡奇理论中的无产阶级的阶级意识与现实中的工人所具有的意识之间有着无穷的距离，所以卢卡奇的阶级意识理论并没有挽救无产阶级的革命，而如何弥补两者之间的距离则成为党的领导人需要思考的重要问题。

二、列宁的革命辩证法

列宁在系统分析伯恩施坦修正主义的基本观点和理论实质的基础上，指出了伯恩施坦歪曲马克思主义的根本错误，并且他始终坚持马克思主义革命辩证法，在不断推进无产阶级革命斗争中探究如何解决问题。"十月革命"的伟大胜利使第一个社会主义国家在俄国诞生，无疑成为马克思主义革命理论与具体实践相结合的最有力的佐证，不仅为全世界的无产阶级革命打了头阵、鼓舞了气势，让大家对马克思主义的信仰更加坚定，更是对资本主义的重创。但前进的道路是曲折的，由于缺乏实践经验，加之苏联的后继者对马克思列宁主义认识得不彻底，无奈最终导致了实践成果的葬送。

（一）马克思主义革命辩证法的坚持——无产阶级斗争

1. 伯恩施坦对马克思阶级斗争理论的错误理解

马克思通过批判"不彻底的革命的不可能性"，提出"彻底的革命的实际可能性"，并明确指出这种"实际的可能性"源于一个不享有任何特殊权利的被压迫的阶级——工人阶级。工业的发展并没有使工人生存条件和水平得到提升，为了反抗资产阶级剥削，他们必须通过发动对于现有生产关系的全面变革，从被压迫的处境中解放出来，并在这个过程中解放其他一切社会领域，这个阶级才能获取自己的解放。在这一过程中，他们通过完全丧失自己的权利，来完全恢复自己的目标。需要指明的是，无产阶级的解放既包括政治解放也包括人类解放。从市民社会的层面来说，政治解放使每个人都能够作为利己的、独立的个体，成为市民社会的公民和法人。但这是远远不够的，只有在人作为类存在物的意义上，只有从"现实的人"的角度出发，抽象的公民作为个人只有将自身力量与政治力量充分结合进而凝聚成社会力量，才能使全人类的解放得以实现。政治解放内含于人类解放之中，只能作为人类解放的一个环节和阶段性表现。实现人的自由而全面的发展才是人类解放的终极关怀。

马克思基于阶级斗争的立场，从历史发展的角度指出，无产阶级专政作为向共产主义社会的一个过渡阶段，其本身是阶级斗争的必然结果。所以，马克思既否认对未来的空论，也拒绝辛苦一次就能把事情办好的想法。伯恩施坦正是由于没有理解马克思的阶级斗争理论，并且由此提出反对"崩溃论"的观点，而主张"适应论"。起初，马克思认为无产阶级只会越来越贫困、状况也只有越来越坏，直至到达一个"束手无策"的崩溃点，才能涅槃重生获得解放。[1]但是，由于缺乏现实基础，这种理论是无法实现的。因

---

[1] 中共中央马克思恩格斯列宁斯大林著作编译局国际共运史研究室.德国社会民主党关于伯恩施坦问题的争论［M］.北京：生活·读书·新知三联书店，1981：430.

而，在《资本论》中，马克思又拒斥这种片面的贫困化理论。虽然他不否认群众贫困化这个本身并无可争议的事实，但同时他也指出贫困化这一历史现象是可以通过阶级斗争消除的，而绝不会永恒存在。资本主义社会的根本矛盾决定了资本家想方设法去榨取更多的剩余价值，无产阶级的贫困状况也就随之愈演愈烈，这是一种必然的倾向。但是，坚持改良主义倾向的伯恩施坦却质疑这种倾向的必然性，他认为这本身是完全能够克服的，而克服的手段就是通过建立一种资本不力求使工人贫穷的社会和平的状态。按照马克思的观点，攫取剩余价值是资本的本性，由此而引发的阶级斗争更是必然导致无产阶级专政，也终将把现有的生产力和生产关系全部纳入无产阶级的有意识的控制之下。在此之前，所谓社会和平都是无稽之谈。也只有在这种意义上，我们才能坚持贫困增加的理论。

伯恩施坦反对阶级斗争的暴力形式，而主张采取温和的形式。他认为，一个具有完全相同利益的工人阶级是不存在的，在今天，它的利益的差别比1789年的所谓人民的利益的差别还要大，因此，谈不上共同的阶级意识。伯恩施坦指出，"当工人在政治和经济领域内进行比以往更实际更有效的斗争的时候，人们的确用不着神经过敏，担心阶级斗争的教条可能遭到损害"[①]。阶级斗争是极为复杂的现象，是一种无可争辩的事实，但是，为了缓和、冲淡各种矛盾，他宣称采取较温和的形式。也就是说，对于资产阶级要坚持温文尔雅的态度，而不能由于粗暴词句的使用使资产阶级受到惊吓。德国市民阶级之所以变得更加反动，就是因为它的所有分子都同样感受到社会民主党的威胁，有一些是感到自己的物质利益受到威胁，另一些人是感到自己的思想意识的利益，即自己的宗教、自己的爱国主义、自己的想使国家免于一场暴力革命的痛苦的愿望受到威胁。

伯恩施坦认为，资本主义所有制将消失于社会主义集体所有制高度发展的时期。他拒绝社会民主党的被称为贪食奇谈的工业剥夺的思想。他说这

[①] ［德］爱德华·伯恩施坦. 伯恩施坦言论［M］. 中共中央马克思恩格斯列宁斯大林著作编译局译. 北京：生活·读书·新知三联书店，1966：248.

样做不但同经济发展相矛盾，而且同普遍的文化进步相矛盾。在伯恩施坦看来，工人没有能力完成他们应当完成的事情，他们在政治上还不成熟。他不厌其烦地说：你们还没有能力完成你们的任务！如果他只是想说，你们应当学习，更加全面地熟悉自己的工作，那是可以的。不过，我们不是每天都在这样做吗？

伯恩施坦始终迷恋资产阶级民主，幻想只要工人的代表在议会中占多数，资本主义"和平过渡"到社会主义是能够实现的。同时他还认为，工会斗争是阶级斗争的最纯粹的表现。在工会斗争中，逐步用集体主义权利克服、渗透和代替个人财产权利方面可以走得更远。伯恩施坦对工会运动的意义和评价超过其他人通常所做的评价。然而，实践是检验真理的唯一标准。从这一意义上说，伯恩施坦主张的"和平过渡"在社会现实中是难以践行的。主要的原因在于资产阶级掌控着整个国家机器，虽然他们通过所谓的民主政策，如普选权等满足了部分共产党人加入政府当中的需求，同时也在一定条件下赋予工人以某种福利，但是无论如何，资产阶级是决不会损害其自身的根本利益的。

无产阶级的存在是资本的必要前提，资产阶级采取个别的改良举措，并不能说明资产阶级有一丝丝的悲天悯人，而仅仅是为了缓和阶级矛盾，从根本上说无非还是从自身的利益出发。退一步讲，即便是无产阶级的生活状况相比之下能够得到哪怕些许的改善，而实际上，这也是以降低他们的社会地位为代价的。归根结底的结果只能是，无产阶级和资产阶级之间的矛盾水火不容。因此，无产阶级要想获得自由解放，只能坚持不断斗争。这样的话，我们就不难理解，伯恩施坦所谓的"和平过渡"只是背离现实的一种荒谬思想。不仅如此，若是按照这一观点，将会导致更为严重的后果，那就是在决战的时刻，会使革命人民蒙受非常严重的流血牺牲，因为敌人手里是拿着刀的。在拿刀的敌人面前，手无寸铁的人民所流的血，必然远远超过拿起武器的人民。当然，革命也有它自己的发展规律。社会矛盾总是在某种程度上尖锐到一定程度才能爆发革命。如果没有革命形势，而冒险去使用暴力夺取政权，或是针对个人采取恐怖行动，那都是使先锋队脱离群众，而使革命遭到失败的错误行动。

在伯恩施坦看来，列宁的无产阶级政党及其理论只不过是对马克思理论的照搬照抄，并且这种照搬照抄是极其简单粗暴的。同时，他还认为列宁对于暴力的态度是一种近乎迷信的推崇，是对人们力量作用的界限的错误认知。伯恩施坦千方百计埋葬马克思的无产阶级斗争学说，认为无论是革命，还是革命发展阶段的理论都是马克思、恩格斯的激情之言而已。

2.列宁对伯恩施坦歪曲马克思阶级斗争理论的批判

列宁结合实际，对伯恩施坦歪曲马克思的阶级斗争理论进行了清算。特别是1902年，在《怎么办？》中，列宁通过论述党的建设的系列相关问题，着重批判了伯恩施坦的社会改良主义主张。他明确指出伯恩施坦关于"最终目的"的主张并没有其理论合法性。也正是为了反对伯恩施坦和反对机会主义，紧接着，在1903年召开的俄国社会民主工党第二次代表大会上，列宁明确提出了无产阶级专政的理论，并强调，无产阶级专政是社会主义革命的必要条件。伯恩施坦的这种思想只顾当前工作，却放弃了最终目的，没有意识到当前工作与最终目的的关系。列宁的观点是，社会主义的最终目的符合社会发展的客观规律，并对当前工作具有重要的理论指导和目标导向作用，当前工作只是实现最终目的的手段、途径的一部分，只有站在最终目的的视角去审视当前工作，才是正确且具有意义的。这就明确了党的目标。马克思主义者"严格地区别本质上不同的各个阶段，冷静地探讨这些阶段产生的条件，这决不等于把最终目的束诸高阁，决不能蓄意放慢脚步。恰恰相反，正是为了加快步伐，正是为了尽快而稳妥地实现最终目的"[①]。对于伯恩施坦倡导坚持的"议会民主"，列宁驳斥说，无论参加联合内阁的是哪一种"社会主义者"，也无论这种"社会主义者"有多么的真诚，在本质上他们都是资产阶级政府用来粉饰门楣、诓骗群众的屏风而已。列宁还强调，绝没有什么所谓的中间道路，俄国当前的问题绝不是任何"新的改革"或者"新的方

---

① [苏]列宁.列宁全集：第8卷[M].中共中央马克思恩格斯列宁斯大林著作编译局 译.北京：人民出版社，1959：6.

案"能够解决的,新兴无产阶级的未来光明而伟大,他们有着丰满的革命理想,又有着高度的实践精神。在马克思主义理论武装的强大后盾支撑下,他们坚定不移地奉行《共产党宣言》的基本准则,坚持理论与实践相结合、当前利益与长远利益相结合、短期目标与最终目标相结合,终将迎接胜利的曙光。因此列宁指出,伯恩施坦的公式只能代表资产阶级的迷茫之状,与无产阶级相比,生产资料的私有制蒙蔽了他们的双眼,不断分化和没落的现实又限制了他们的勇气,这都使他们无力看清当前,也无力认清历史发展的脉络,更无法改变社会主义最终目的实现的历史必然。

列宁在坚持马克思革命辩证法的基础上,恢复和发展了马克思的无产阶级斗争理论,并进行了积极实践。他认为帝国主义时代是无产阶级和资产阶级展开残酷斗争的社会主义革命时代。资产阶级已经日益失去革命性成为妥协的反革命的力量,而与此同时,无产阶级却作为一支独立的、有觉悟的、有组织的政治力量登上历史舞台,并在不断的革命斗争中日益发展壮大。列宁指出,革命只有在无产阶级领导下才能取得成功。随着革命的运动发展,民主革命必然会转变为社会主义革命,这两种不同性质的革命的转换是必然规律。在他看来,阶级斗争的规律在于后一种斗争发源于前一种斗争,并与前一种斗争紧密联系,前一种斗争基本结束,必然把后一种斗争提到主要的地位上来。列宁根据无产阶级的组织程度和觉悟程度认为革命力量在不断发生转变,并指出无产阶级革命与过去一切革命不同,新的革命任务主要就是扫除所有旧社会的桎梏,以加强和巩固新的经济组织。其结果就是,在胜利夺取政权之后,无产阶级仍须靠自己的政治统治来继续发展革命,将从剥削阶级手中剥夺的生产资料集中于国家手中,并且改造剥削制度的经济基础和上层建筑,由此构筑新的社会主义经济基础和上层建筑,为社会主义社会向共产主义社会过渡创造条件,最终消灭阶级,解放全人类。

3. 列宁坚持马克思主义辩证法推进无产阶级斗争的实践

任何政治阶级运动都以一定的经济情况为基础。到目前为止,历史上的一切阶级在取得政权之前,就努力掌握了经济权力。而伯恩施坦等人盲从地把这个公式应用于目前的情况。这表明,他们既不了解过去斗争的本质,也不了解目前斗争的本质。如果认为无产阶级可以在现在的资产阶级社会中获得经济权力，那是一种幻想。它只能夺取政权，建立无产阶级专政，在此基础上才能废除资本主义所有制。历史的辩证法就是如此：不要武器，必须拿起武器；要消灭阶级，必须把阶级斗争进行到底。列宁坚持无产阶级专政理论，强调建立无产阶级国家政权的必要性。他说："谁要是仅仅承认阶级斗争，那他还不是马克思主义者""只有承认阶级斗争、同时也承认无产阶级专政的人，才是马克思主义者"①。历史的辩证法就是如此：为了不要武器，就必须拿起武器；要消灭阶级，必须把阶级斗争进行到底。无产阶级只有在建立无产阶级专政的基础上才能废除资本主义所有制。而伯恩施坦等人无视阶级斗争的本质，盲目地认为无产阶级可以在夺取政权之前、在当前的社会状况下、从资产阶级的手中获得经济权力，这无疑只能是一种幻想。按照马克思、恩格斯的看法，无产阶级为了达到自己的目的和实现共产主义，才要摧毁现代国家连同"民主"（因为它是现存国家之中的）和"批评自由"之类的东西，而代之以符合劳动阶级利益的管理制度，即苏维埃制度，建立在一切为之奋斗和加以保卫的人的普遍、平等和直接的投票基础之上的苏维埃共和国。

列宁认为，"作为马克思主义者既要承认阶级斗争，也要坚持无产阶级专政。马克思主义者同庸俗小资产者（以及大资产者）之间的最大区别就在这里。必须用这块试金石来测验是否真正了解和承认马克思主义"②。在古代社会中所发生的一切政治事件或社会事件，一切变动，一切思想上、哲学上、文学上的斗争，归根到底莫不源于阶级斗争，也就是说，阶级斗争推动了古代社会的前进和发展。到了近代和现代，阶级斗争始终作为推动历史发展的根本动力作用表现在社会发展的方方面面。总之，阶级斗争决定历史运动；阶级斗争把人类社会推向前进；通过阶级斗争而产生进步。无产阶级与

---

① [苏]列宁. 列宁选集：第3卷[M]. 中共中央马克思恩格斯列宁斯大林著作编译局 译. 北京：人民出版社，2012：139.

② [苏]列宁. 列宁选集：第3卷[M]. 中共中央马克思恩格斯列宁斯大林著作编译局 译. 北京：人民出版社，1972：199.

资产阶级之间的激烈斗争虽然在表现形式上出现了种种变化,但逐渐由无意识发展成自觉、由局部发展到整体、由孤立发展为联合,最终必然上升到推翻资本主义制度本身、从资产阶级手中夺取政权的高度。资产阶级生产方式在资产阶级社会内部为用新的社会组织、新的社会来代替自己创造了条件,产生了作为自己的掘墓人的无产阶级。无产阶级斗争使旧的资本主义社会组织走向新的社会组织,即社会主义社会组织。无产阶级革命是无产阶级推翻资本主义,解放自身,从而消灭阶级对立和压迫的根本手段,也是斗争的最高形态。起初斗争仅仅是自发的,看到资本家采用机器以后,工人就被排挤了,便以为机器是一种祸害,于是就破坏机器。但是破坏机器并没有使工人的处境好转,所以,无产阶级逐渐把斗争的锋芒针对资本家,要求改善劳动条件,改善生活。这就是经济斗争。经济斗争有时可以使工人多少改善一点处境,但是不能从根本上解决问题。要从根本上解决问题,就不能只反对个别资本家,也不能只限于经济斗争,而要反对整个资产阶级,要推翻资产阶级政权。这意味着,阶级斗争也是政治斗争。

  无产阶级只有从根本上推翻资本主义制度才能实现推翻资产阶级的统治,无产阶级通过政治斗争虽然不能马上推翻资产阶级的统治,但是一定要以推翻资产阶级的政治统治为最终目的不动摇。从政治上揭露和打击资产阶级,把一切被压迫被剥削的人民团结过来,从政治上锻炼无产阶级的战斗力,以便最后夺取政权。消灭阶级对立,才能实现共产主义。国家机器是统治阶级保护自己经济利益的暴力工具。谁要是想动摇现存的经济制度,统治阶级便立刻会用国家机器来镇压。这样,要从根本上改变一种社会经济制度,就必须夺取政权。无产阶级无论采取何种斗争手段,如果其目的不是建立在无产阶级专政的目标之上,都不能称其为革命。因为,一方面资本主义制度是决不会自行灭亡,另一方面无产阶级也不能简单地继承旧的国家机器,只能通过夺取资产阶级政权从而彻底砸碎旧的国家机器,砸碎这个从上到下都是剥削阶级为了镇压人民群众而创立起来的国家机器,才能真正建立起为劳动人民办事的新政权。所以,列宁指出,革命并不是利用旧的国家机器,而是在无产阶级专政的基础上重新建立属于无产阶级的新的国家机器——这才是马克思主义的基本原则。而实行这样的革命,需要通过的道路是什么样的呢?凡是革命,总要使用暴力。这并不是无产阶级喜欢暴力,而是历史和现实所提供的真理。

马克思主义认为,无产阶级专政是资本主义社会向共产主义社会转变过程中的一个过渡环节,这一政治表现是历史发展的必然。列宁充分继承和发展了马克思、恩格斯的这个观点,认为政权是一切革命的根本问题,它决定着革命的性质、方向以及革命的内外政策。因此,他强调建立苏维埃政权,通过依靠这个由广大人民群众建立起来的无产阶级专政来挽救和推动革命,从而形成一个真正稳固而长久的政权。苏维埃政权需要对整个旧的国家机关,对这种阻挠一切民主措施的官僚机关进行一个根本的改造。它打碎了旧的、具有资产阶级性质的政权,建立起了一个以工人、农民、士兵等大多数人民为基础的有组织的新政权——真正的苏维埃民主政权。苏维埃政权彻底废除了土地私有和粮食垄断,在改造社会方面积极发挥大多数人民的主动性与创造性,支持他们积极地参与到国家管理之中。然而,期望在旧的资本主义制度下实现上述变革也只不过是痴人说梦。旧的资本主义制度只能为资产阶级服务,无法对资本的权利和"神圣的私有制"的权利实行一种消灭,而只能进行一定程度的消减或限制的改革而已。

(二)俄国十月革命的胜利——创建第一个社会主义国家

1. 伯恩施坦对国家学说的理解

作为一种唯心主义的国家观,伯恩施坦认为国家是实现共同意志的社会的组织,它的本质"是一种共同生活的形式,是一种管理机关"[①]。他对无产阶级的暴力革命持完全的否定态度,主张非阶级国家的观念,认为无产阶级不能从外部彻底颠覆资本主义生产方式和社会关系,而是从内部一点一点渗透,"潜移默化"地改变资本主义社会。伯恩施坦对马克思主义国家观进

---

① [德]爱德华·伯恩施坦. 伯恩施坦言论[M]. 中共中央马克思恩格斯列宁斯大林著作编译局 译. 北京:生活·读书·新知三联书店,1966:442.

行歪曲，称其"完全是小资产阶级观点"[①]，把国家看成无政府主义者的避难所，看成是压迫机关和有产者事业的代理员。伯恩施坦的这一观点与英国机会主义者杰·雷·麦克唐纳的思想基本一致，无视国家与统治条件之间的密切联系，抛开阶级来谈什么"共同生活""共同意志"，实践证明，这是站不住脚的。

伯恩施坦关于国家学说的理解是历史唯心主义的观点，认为国家是一种"共同意志""是构成集体的全体成员的意志总合"，或者是在"共同意志"形成过程中起了作用的历史力量。这不能够科学地解释国家的起源和本质问题。因为从根本上来说，经济因素决定意志的产生，只有在构成集体的全体成员的利益具有共同性、一致性的情况下，共同意志才有产生和存在的可能。但人们在观念中的关系只是表现着他们所发生的现实的关系，而人们在现实的关系中却处于分裂状态，在日常生产和生活中，不同地位不同角色导致了人们之间对抗状态的出现，而人们在生产关系中的不同地位又必然形成不同的阶级，阶级斗争必然愈演愈烈。随之而来的是各种"统治条件"的形成，国家由此得以产生。所以，国家是人们在时间和空间关系中所形成的矛盾的产物，决不是伯恩施坦主张的"共同意志"的产物。

伯恩施坦对国家的理解歪曲了国家的本质。只要社会分工还存在，只要人与人之间所结成的生产关系还必须采取一种独立于人的形式，只要人们对时间和空间所发生的关系还有由物与物之间的关系来决定，那么阶级的存在就是不可抹消的。阶级的存在必然导致他们意志的对立，任何"意志的总合"都不能抹杀这种根本上的对立。换句话说，作为阶级统治的机器或机关，国家的本质并不是实现什么"共同意志的社会组织"，也不是按照所谓"共同意志"进行活动的"一种管理机关"。伯恩施坦的这一说法充分说明了他对国家实质的理解是歪曲和不正确的。他从政治、经济、文化教育等方面对布尔什维克展开全面的攻击。矛头指向苏维埃制度——无产阶级专政，

[①] [德] 爱德华·伯恩施坦. 伯恩施坦言论 [M]. 中共中央马克思恩格斯列宁斯大林著作编译局译. 北京：生活·读书·新知三联书店，1966：441.

认为他们把"暴力看成万能的东西""过高估计了野蛮暴力的创造力"，说无产阶级专政是"一个党的专政"，是"奴役无产阶级"，是"军国主义""恐怖主义"。他说布尔什维克把马克思的"剥夺剥夺者"变成了"打劫打劫者"，把资本家当成了"窃犯""小偷"。伯恩施坦攻击布尔什维克是"教条主义""经常经院式地引证马克思的话"，对马克思主义进行了"愚蠢的和最粗糙的解释"，把它"变得野蛮了"。①

根据革命形势的变化，伯恩施坦从公开的社会主义沙文主义立场转移到社会和平主义立场。在发现"群众在向左转"的时候，伯恩施坦提倡"在自由协定的基础上"实现"真正的持久的和平"，并联合考茨基和哈阿兹共同发表了题为《当务之急》的呼吁书。在这里用"和平"的字样来转移群众的革命视线，阻止群众采取革命行动。伯恩施坦还在国会中鼓吹签订合约，劝告德国帝国主义实行"民主的外交政策""实现国内民主作为和平的最好保证"等。可见，虽然伯恩施坦的立场发生了转换，但是其实质仍旧是在为帝国主义服务，形式不同，但本质是一样的。对此，列宁指出，放弃了通过阶级斗争来从根本上变革人们在生产生活中的关系的革命立场，妄图通过改变人们在政治上的、文化上的、观念中的关系来改变资本主义社会，空谈什么"民主""合约"，实际上都是在为帝国主义服务。伯恩施坦对继承正统马克思主义的、通过无产阶级专政建立的第一个社会主义国家的态度充分暴露出他的修正主义立场。

2. 列宁驳斥伯恩施坦陷入了无政府主义的泥潭

无政府主义是对资本主义社会关系的抽象反对，抽象地站在资产阶级统治的对立面，为了反对而反对，小资产阶级和流氓无产者是其拥趸。政治和经济被割裂，强调经济领域的总罢工，只想着破坏现成的物的东西，而不想着改变物背后的根本关系，或者说，他们也给自己的运动设定了一个跟科学社会主义领导下的工人阶级斗争相同的目标，但是由于缺乏根本理论的指

---

① [德]爱德华·伯恩施坦. 伯恩施坦言论[M]. 中共中央马克思恩格斯列宁斯大林著作编译局 译. 北京：生活·读书·新知三联书店，1966：14-15.

导，而在手段上陷入盲目。他们主张极端民主，强调个人的绝对自由，反对一切权威，反对无产阶级组织政党和党的领导作用，反对政治斗争，反对一切国家和政府。列宁认为，无政府主义者深受资产者意识形态的毒害，他们所坚持的自由和民主都只不过是空洞的形式，毫无内容。他们看不到变革社会关系的根本之所在，只能在现有的社会关系内部小打小闹，改良主义就是他们的主张。这恰恰是伯恩施坦所坚持的。与伯恩施坦歪曲马克思主义国家观为小资产阶级的观点，并将国家当作无政府主义者的避难所不同，列宁认为，通过推翻现有的生产关系而产生的国家已经不再是原本意义的"国家"。这种状态不能简单地理解为原始意义上的国家。马克思把这种国家称为一种最终被发现的政治形态，它可以在经济上解放劳动者。列宁指出，俄国革命建立的就是这种国家，这种新型的国家打碎并废除既有的压迫机器，不是用由社会生产力所导致的自发的分工的盲目力量把人固定在狭隘的时间和空间关系中，而是通过对于社会生产和社会生活的自觉组织和控制，来自为地调节人们的生产关系、政治关系、观念关系，支持群众的独立政治生活。资产阶级国家被资产者的无政府式的生产所产生的自发力量控制，一切都围绕着资本增殖来旋转，而前所未有的社会主义国家则实现了对于人们的现实关系的自为调节，一切都围绕着人本身来进行，这种新型国家的唯一目的就是促进实现人的自身发展。一旦人的自身发展在新型国家中得到实现，由"国家"代表的独立于个人之外的人的关系就会回归于个人自身，如此一来，"国家"也就扬弃了自身，最终走向消失。伯恩施坦对国家的理解完全局限于现有的生产关系和观念关系之中，列宁则站在马克思的立场上从超越于现有生产关系的更大的视阈来看待国家，是一种真正的辩证思维，因为列宁对于无产阶级专政的国家肯定也同时就是对一切"国家"的否定。相反，伯恩施坦其实还是一种形而上学思维，见树不见林。

列宁批判了小资产阶级机会主义者的"社会民主主义"，说他们只限于观念中的空想，找不到打开现实、通向未来的道路，只有俄国革命才基于马克思主义的立场穿透了当时的时代现实，尽管这个过程是痛苦的，但前途是光明的。俄国革命是在艰难的条件下进行的，一方面生产力的落后和生产关系的保守在实践上给革命组织和动员造成了极大的困难，另一方面虽然俄国人民通过巨大的牺牲推翻了沙皇的统治，建立了无产阶级政权，但在当时的俄国对于能够打开现实的原理理解得还很不充分。在列宁看来，自无政府主义出现以来，它只提供了反对剥削的空谈。由于没有真正把握唯物辩证法和唯物主义历史观，没有深入现代资本主义社会的生产关系内部，没有抓住现代生产生活方式的"事情本身"，没有抓住现代资本主义社会中的"人本身"，无政府主义只能抽象地反对资本主义社会的表面，只是从表面到表面，不能从根本上进行变革。看不到导致剥削的根源，也就看不到消灭剥削的根本手段，哪怕能够设定斗争的目标，那这个目标也是一个空洞的抽象。无政府主义既不知道该怎么斗争，实际上也根本不知道为了什么而斗争。因而，所谓"人民国家"或"自由的人民国家"都是一些空洞的口号，除了误导工人阶级，损害革命，为无政府主义者争夺话语权之外没有任何益处。伯恩施坦等机会主义者对国家问题的错误理解，表面上似乎指出了无政府主义的不足，这一点值得肯定，但是由于对革命的认知缺陷，导致其整个理论把握的偏失，把科学社会主义歪曲为无政府主义。对此，列宁认真研读马克思、恩格斯的理论，对国家问题进行了清晰的梳理，并在此基础上积极开展实践探索。

在国家的问题上，列宁的观点认为，马克思虽然并不反对消灭国家机器，但是马克思理论中的消灭国家与无政府主义者所主张的消灭国家是有着根本的不同的。马克思认为，为了能够到达消灭国家的目的，我们必须借用国家权力的方法、武器和工具来反抗剥削者，即使在无产阶级夺取了资产阶级的政权之后，也不应该放下手中的武器，而是应该凭借手中的武器将其彻底粉碎。所以在无产阶级实现共产主义的过程中需要国家这一过渡环节，这样的国家具有一种暂时的革命形式，这是马克思与无政府主义者在国家问题上的关键争论所在。

恩格斯指出，无产阶级还需要国家的时候，不是为了自由，而是为了镇压自己的敌人；当有可能谈论自由时，不是为了自由，而是为了压制自己的敌人，一旦达到了这个目的，国家可以改为"公团"（gemeinwesen），这是一个优秀的古德语单词,相当于法语中的"社区"。当然,恩格斯的公团并不是指单一的公团,而是指公团的总和,即公团制度。俄语中没有这样的词,所以必须采用法语中的"社区"一词,这里面就体现出唯物辩证法的精髓。对于"公社"作为国家进行肯定性理解的意义在于,在当前的历史时期即使建立了无产阶级专政,但旧的资本主义的生产关系还没有完全消失,无产阶级的敌人还可能卷土重来,因而必须保留国家的形式来保证工人阶级,也是"人本身"的利益。而对于"公社"作为国家进行否定性理解的意义在于,无产阶级专政的存在本身只是为了促进人的自身发展,把那些从人身上异化出去的社会关系重新复归人自身,而这个目标的实现必然导致"国家"失去自身的存在意义。所有这些都与以前对这个国家的看法大相径庭。随着公社的不断巩固,公社的国家痕迹将自行消失。它不需要废除国家机关,因为国家机关将无所事事,逐渐失去作用。

三、坚持和发展马克思主义辩证法

伯恩施坦歪曲马克思主义,坚持庸俗进化论,将共产主义作为一种空想,抛弃辩证方法,从实证方法出发,着眼于现存的"不偏不倚"的事实,认为"运动就是一切",从而导致理论和实际、局部和整体、内容和形式等相脱节。如何立足于实际将理论与实践、局部和整体、内容和形式有机结合,成为坚持马克思主义辩证法的理论研究和实践探索的必然课题。在马克思主义中国化的历史进程中,中国共产党带领全国各族人民,立足实际,抓住关键问题,开展理论研究和实践探索,寻求有效的解决方案,走出了中国特色社会主义道路,实现了马克思主义中国化的理论与实践的统一。

伯恩施坦明确指出,他的目的是要找出哪些方面对马克思来说仍然正确,哪些方面是不正确的。表面上看,他确实在这样做。事实是,他最终没有做出正确的区分,没有使其在现实生活中发挥应有的作用。相反,他误解和歪曲了马克思主义,走上了修正主义的道路。马克思主义不是一成不变的,它本身是需要不断地丰富和发展的。如何正确理解,并深入研究马克思主义,有效发挥其在中国革命、改革和建设中的指导作用,始终是马克思主义研究者的首要任务。

为了避免重蹈覆辙，吸取伯恩施坦从检验马克思主义到修正马克思主义的教训，根据新形势继承马克思主义，必须有一个基本判断，即马克思主义在总体上是否被时代所超越。如果认为马克思主义总的来说是过时的，对马克思主义失去信心，就容易造成对马克思主义的错误理解和判断，滑向伯恩施坦修正主义。因此，必须坚持对马克思主义进行总体性把握和辩证性研究，不能根据马克思、恩格斯的个别词句而片面臆断，忽视马克思主义的整体性和过程性。马克思主义作为一个完整的思想体系，其基本内容有明确的规定性，不能进行随意解释。如果真的对马克思主义中哪些仍然正确，哪些已经过时作出判断，判断者先要有自己的判断标准。由此可见，判断的关键在于判断者所采用的判断标准是否正确，这也与判断者的态度密切相关。

伯恩施坦就这样逐步脱离了无产阶级和广大劳动人民的立场，自觉或不自觉地滑向了资本主义的立场上，这也导致了他对马克思主义的误判。评价马克思主义中所谓的正确与否，决不能情绪化，否则，对马克思主义的理解和运用就会教条化。有些人把马克思主义当作一个僵化的体系，把马克思主义当作宗教教义来对待，压制和围困了检验、修正和发展马克思主义的要求。伯恩施坦以前也遇到过这种情况，我们在马克思主义研究过程中也遇到过这种情况。需要明确的是，我们必须正确区分马克思主义本身和马克思主义教条主义，避免像伯恩施坦那样，把对马克思主义的教条主义的仇恨变成对马克思主义本身的仇恨。

我们知道，马克思在哲学上的最大贡献就是提出了实践观点，他从实践观点看待这个世界，改变这个世界，从根本上摆脱了教条主义的思维方式，甚至也从根本上超越了黑格尔的思辨哲学。恩格斯曾明确地指出，黑格尔哲学的真实意义和革命性质就是彻底地否定了关于人的思维和行动的一切后果具有最终性质的看法。也就是说，在恩格斯看来，黑格尔哲学的辩证思维方式，不再把真理看成是背得滚瓜烂熟的教条，而是把真理始终处在认识的发展过程中，处在科学的长期的历史发展中，根本没有所谓绝对真理等待我们去发现。所以，黑格尔哲学的革命性质就集中体现在他的辩证方法上，但是他在反对教条主义的思维方式的同时，又恰恰陷入了教条主义之中，因为他没有从实践观点看待这个世界，还是从思辨观点看待这个世界，因此他最终成为反教条主义的最大教条主义者。恩格斯也正是在这个意义上发现了黑格尔哲学的辩证方法的革命性和思辨体系的保守性之间存在着矛盾，从而使其哲学的真实意义和革命性质获得了彻底性释放，就在于他们彻底从实践观点出发看待这个世界，改变这个世界，在人类的实践活动中发现各种社会矛盾，解决各种社会矛盾。在这种实践观看来，除了生成和灭亡，一切事物都是暂时的，最终和绝对的东西是不存在的，不存在无止境的由低级上升到高级的不断过程。由此，马克思主义辩证法总是在对现存事物的肯定理解中同时包含着否定的理解，这种辩证方法始终是革命的和批判的。

在马克思主义中国化进程中，中国共产党人不断继承和发展马克思主义，始终保持历史性与过程性、广泛性与前瞻性、批判性与革命性的辩证思维，实现认识与实践的有机结合，紧密结合中国革命、建设和改革实际，植根中国文化，寻找中国道路。我们党就是在不断反对各种教条主义的过程中，走出了一条自己革命和建设的社会发展道路。在不断反对教条主义观点，立足实践观点，在中国人民的伟大实践中走出了我们自己的发展道路。长期以来，我们党正是以实事求是为出发点和落脚点，坚持基本原则和策略方针的准确性和有效性，从而实现中国在革命、改革和建设进程中，不断取得新突破、新进展，因此，在纷繁复杂的国内外局势下，我们必须秉持实事求是的精神，时刻保持清醒的头脑，坚定政治决心。伯恩施坦正是在新的复杂条件下，对理论认识不清，政策制定不正确，对马克思主义理论造成了危害。因此，我们要始终保持坚定的战略决心，做出准确的战略判断，科学谋划，赢得主动。党和人民的事业一定会有希望，一定会立于不败之地，我们一定会继续开拓前进的道路。

问题是时代的声音，只有抓住问题，才能真正切中时代的现实。这就要求我们从具体的时代现实出发，以问题意识为导向，以现实关怀为路标，实事求是地回应时代给我们抛出的问题，不回避问题，积极解决问题。中国共产党人在社会主义革命和建设时期，从来都是以中国的实际情况为前提，以中国的实际问题为导向，深入推进社会主义革命与建设的伟大实践。这就要求我们必须掌握事物矛盾运动的基本原理，善于发现问题，在复杂的问题中把握问题的规律，在偶然性的问题中把握问题的必然性。必须坚持马克思主义，在实际中推进理论的认识和发展。根据马克思主义的方法论与世界观，我们认为事物的运动发展都是普遍联系、辩证统一的。这就要求我们，在认识和改造世界的过程中要坚持重点论与两点论的统一，在对立统一的关系中看待事物的发展，统筹推进，协调发展，站在全局的角度，把握事物的发展方向。这就是说，必须强调"十个指头弹钢琴"的艺术，这意味着在把情况搞清楚的基础上，注重统筹性和全面性，综合考量各方面的比例关系，寻求平衡点和突破口，重点突出，把握发展的全过程。

在对马克思主义辩证法的实践探索中，问题导向始终是我们共产党人的鲜明意识，也是马克思主义自身的现实特质。我们知道，马克思从撰写博士论文开始，就强调"哲学的实现"。他一方面看到，黑格尔哲学的伟大之处就是其在哲学中所把握和提出的现实问题，在他看来，黑格尔哲学是最敌视抽象的，是最现实的哲学；另一方面，他又深刻地把握到黑格尔哲学的局限之处就是其仅仅在哲学中把握和提出现实问题。也就是说，对于黑格尔来说，一切现实问题都被哲学"绑架"了。因此，马克思在继承黑格尔在哲学中提出和解决现实问题思想的同时，彻底超越了黑格尔仅仅在哲学中提出和解决现实问题的思辨观点，开始彻底从实践观点出发，直接切入人类所面临的最现实的社会问题，完全以问题为导向，在批判旧世界中发现新世界，摒弃了从哲学思辨的观点看待和解决现实问题的思维方式，开启了从人类实践的观点看待和解决现实问题的发展道路。而我们共产党人继承和发展的就是马克思主义这种实践观点的思维方式，从当下现实状况出发来看待我们自己所面对的现实问题，在历史的具体的实践活动中探索出一条适合自己的发展道路。

以毛泽东同志为核心的党的第一代领导集体，探索了适合中国国情的社会主义道路。早在20世纪50年代中期，我国社会主义改造基本完成、开始全面建设社会主义的时候，毛泽东就提出，现在是社会主义革命和建设时期，我们要进行马克思主义与中国实际的第二次结合，找到在中国进行社会主义革命和建设的正确道路。[①]以邓小平同志为核心的党的第二代领导集体，能够始终坚持以马克思主义的科学社会主义为基本原则的指导思想，准确观察问题、判断形势，开辟了建设中国特色社会主义的新道路，赋予中国社会主义和民族复兴的伟大事业以新的强大生机和活力。20世纪80年代末期到90年代初期，国际国内发生严重的政治风波，世界社会主义运动遭遇到了严重挫折，我国社会主义事业面临新的巨大困难和压力。以江泽民同志为核心的党的第三代领导集体，提出"始终代表中国先进生产力的发展要求，先进文化的前进方向和最广大人民的根本利益"[②]的"三个代表"重要思想，带领全党全国各族人民捍卫和发展了中国特色社会主义宏伟事业，并成功将之推向21世纪。在21世纪新阶段，我国的社会主义现代化建设取得了举世瞩目的成绩，在新的历史起点上，我们既面临可以大有作为的战略机遇期，又面临着矛盾日益尖锐和严峻挑战的矛盾凸显期。以胡锦涛同志为总书记的党中央从党和国家事业发展的全局出发，总结我国发展实践，借鉴国外发展经验，适应新的发展要求，提出了科学发展观，进一步丰富了中国特色社会主义理论体系。认识无止境，创新无止境。党的十八大以来，以习近平同志为核心的党中央，统筹中华民族伟大复兴战略全局和世界百年未有之大变局，团结带领全党全军全国各族人民有效应对严峻复杂的国际形势和接踵而来的巨大风险挑战，使党和国家事业取得了历史性成就、发生了历史变革，把新时代中国特色社会主义不断推向前进，开启我国全面建设社会主义现代化国家新征程。

可见，坚持和发展马克思主义，运用其科学的世界观和方法论解决中国的问题，决不能简单背诵和重复其具体结论和词句，更不能把马克思主义当成一成不变的教条。切实做到"解放思想、实事求是、与时俱进、求真务实，一切从实际出发，着眼于解决新时代改革开放和社会主义现代化建设的

[①] 参见吴冷西.十年论战（上）[M].北京：中央文献出版社，1999：23-24.
[②] 中共中央文献研究室.江泽民论有中国特色社会主义[M].北京：中央文献出版社，2002：579.

实际问题，不断回答中国之问、世界之问、人民之问、时代之问，作出符合中国实际和时代要求的正确回答，得出符合客观规律的科学认识，形成与时俱进的理论成果，更好指导中国实践。"①在中国特色社会主义发展道路的行进过程中，我们也经历了一些挫折，走了一些弯路，但是我们党带领全国各族人民能正确认识我们所犯的错误，能正确反思我们所走的弯路。不忘初心、牢记使命，始终坚持马克思主义是我们立党立国、兴党兴国的根本指导思想。坚持不懈地将马克思主义基本原理同中国具体实际相结合、同中华优秀传统文化相结合，坚持运用辩证唯物主义和历史唯物主义正确回答时代和实践提出的重大问题，持续推进马克思主义中国化时代化，开辟马克思主义中国化时代化新境界，始终在坚持和发展马克思主义的历史进程中不断推进着马克思主义中国化的实践探索。

在马克思看来，一个行动胜过一打纲领。这就要求我们必须反对空谈，坚持发扬实干精神，发扬钉钉子的精神，我们只有把工作付诸实践，使它经得起人民、历史和实践的考验。不但要努力绘制科学的、切合实际的、符合人民愿望的美好蓝图，而且要抓实抓牢，决不能使蓝图成为一纸空文或是镜花水月。面对西方世界的攻击，我们必须保持警惕，要达到我们的目标，还要奋斗几十年。信心是必要的，但不要夸大，不要拔高，不要挂在嘴边上。成绩不说没不了，问题不说不得了。必须清醒地看到，在许多领域，我们还是落后的。新中国是从烽火硝烟里站起来的，社会主义强国也必然要在艰苦奋斗中才能建成。"人无远虑，必有近忧。"毛泽东多次指出，不论任何工作，都必须做好最坏的打算，从最坏的可能性出发，去统筹推进我们的工作部署。邓小平也强调，我们要时刻预见到工作的风险，做好应对风险的准备。习近平更是反复强调，底线思维是我们工作中的重点和关键，在面对国内外的复杂局势时，我们一定不能掉以轻心，坚持底线思维，坚持"不忘初心、牢记使命"，始终牢记中国共产党的历史任务——始终把实现中华民族的伟大复兴当作历史使命，为国家富强，人民幸福而不懈奋斗。

---

① 党的二十大文件汇编[M].北京：党建读物出版社2022年版，第14页.

参考文献

1. 普通图书

［1］马克思，恩格斯.马克思恩格斯选集：第1-4卷［M］.中共中央马克思恩格斯列宁斯大林著作编译局，译.北京：人民出版社，2012.

［2］马克思，恩格斯.马克思恩格斯全集：第1卷［M］.中共中央马克思恩格斯列宁斯大林著作编译局，译.北京：人民出版社，2001.

［3］马克思，恩格斯.马克思恩格斯全集：第2卷［M］.中共中央马克思恩格斯列宁斯大林著作编译局，译.北京：人民出版社，2005.

［4］马克思，恩格斯.马克思恩格斯全集：第3卷［M］.中共中央马克思恩格斯列宁斯大林著作编译局，译.北京：人民出版社，2002.

［5］马克思，恩格斯.马克思恩格斯全集：第4卷［M］.中共中央马克思恩格斯列宁斯大林著作编译局，译.北京：人民出版社，1958.

［6］马克思，恩格斯.马克思恩格斯全集：第6卷［M］.中共中央马克思恩格斯列宁斯大林著作编译局，译.北京：人民出版社，1961.

［7］马克思，恩格斯.马克思恩格斯全集：第12卷［M］.中共中央马克思恩格斯列宁斯大林著作编译局，译.北京：人民出版社，1998.

［8］马克思，恩格斯.马克思恩格斯全集：第16卷［M］.中共中央马克思恩格斯列宁斯大林著作编译局，译.北京：人民出版社，1964.

［9］马克思，恩格斯.马克思恩格斯全集：第22卷［M］.中共中央马克思恩格斯列宁斯大林著作编译局，译.北京：人民出版社，1965.

［10］马克思，恩格斯.马克思恩格斯全集：第25卷［M］.中共中央马克思恩格斯列宁斯大林著作编译局，译.北京：人民出版社，2001.

[11] 马克思,恩格斯.马克思恩格斯全集:第38卷[M].中共中央马克思恩格斯列宁斯大林著作编译局,译.北京:人民出版社,1972.

[12] 马克思,恩格斯.马克思恩格斯书信集[M].北京:人民出版社,1995.

[13] 恩格斯,伯恩施坦.恩格斯与伯恩施坦通信集[M].梁家珍,唐松阳,译.北京:人民出版社,1982.

[14] 列宁.列宁全集:第8卷[M].中共中央马克思恩格斯列宁斯大林著作编译局,译.北京:人民出版社,2017.

[15] 列宁.列宁全集:第19卷[M].中共中央马克思恩格斯列宁斯大林著作编译局,译.北京:人民出版社,2017.

[16] 列宁.列宁全集:第21卷[M].中共中央马克思恩格斯列宁斯大林著作编译局,译.北京:人民出版社,2017.

[17] 列宁.列宁全集:第23卷[M].中共中央马克思恩格斯列宁斯大林著作编译局,译.北京:人民出版社,2017.

[18] 列宁.列宁全集:第28卷[M].中共中央马克思恩格斯列宁斯大林著作编译局,译.北京:人民出版社,2017.

[19] 列宁.列宁全集:第31卷[M].中共中央马克思恩格斯列宁斯大林著作编译局,译.北京:人民出版社,2000.

[20] 列宁.列宁选集:第3卷[M].中共中央马克思恩格斯列宁斯大林著作编译局,译.北京:人民出版社,2012.

[21] 毛泽东.毛泽东选集第1—4卷[M].北京:人民出版社,2015.

[22] 邓小平.邓小平文选:第2卷[M].北京:人民出版社,2010.

[23] 中共中央宣传部.习近平新时代中国特色社会主义思想三十讲[M].北京:学习出版社,2018.

[24] 习近平总书记系列重要讲话读本[M].北京:人民出版社,2016.

[25] 习近平.习近平谈治国理政:第2卷[M].北京:外文出版社,2017.

[26] 习近平.习近平谈治国理政:第1卷[M].北京:外文出版社,2018.

[27] 伯恩施坦.伯恩施坦言论[M].中共中央马克思恩格斯列宁斯大林著

作编译局，译.北京：生活·读书·新知三联书店，1966.

[28] 伯恩施坦.社会主义的历史和理论[M].马元德，译.北京：东方出版社，1989.

[29] 伯恩施坦.伯恩施坦文选[M].殷叙彝，译.北京：人民出版社，2008.

[30] 卢森堡.社会改良还是社会革命？[M].徐坚，译.北京：生活·读书·新知三联书店，1973.

[31] 考茨基.一个马克思主义者的成长[M].叶至，译.北京：生活·读书·新知三联书店，1973.

[32] 卢卡奇.历史与阶级意识[M].杜章智，任立，燕宏远，译.北京：商务印书馆，2014.

[33] 卢卡奇.民主化的进程[M].张翼星，夏璐，译.北京：中国人民大学出版社，2016.

[34] 科拉科夫斯基.马克思主义的主要流派：第3卷[M].哈尔滨：黑龙江大学出版社，2016.

[35] 麦克莱伦.马克思以后的马克思主义[M].李智，译.北京：中国人民大学出版社，2008.

[36] 迈尔.社会民主主义的转型[M].殷叙彝，译.北京：北京大学出版社，2001.

[37] 拉贝兹.修正主义[M].北京：商务印书馆，1963.

[38] 伊格尔顿.马克思为什么是对的[M].李杨，任文科，郑义，译.北京：新星出版社，2014.

[39] 迈尔.民主社会主义理论概念[M].张世鹏，译.重庆：重庆出版社，2012.

[40] 乔尔.第二国际的兴亡[M].学庆，译.北京：生活·读书·新知三联书店，1964.

[41] 饶勒斯.饶勒斯文选[M].李兴耕，译.北京：人民出版社，2009.

[42] 杜威.哲学的改造[M].许崇诸，译.北京：商务印书馆，2004.

[43] 高清海. 哲学思维方式变革 [M]. 长春：吉林人民出版社，1997.

[44] 高清海. 哲学与主体自我意识：论马克思实践观点的思维方式 [M]. 北京：北京师范大学出版社，2017.

[45] 孙正聿. 马克思主义辩证法研究 [M]. 北京：北京师范大学出版社，2012.

[46] 孙利天. 论辩证法的思维方式 [M]. 长春：吉林大学出版社，1994.

[47] 高文新. 欧洲哲学史研究 [M]. 北京：人民出版社，2016.

[48] 韩志伟. 追寻自由：从康德到马克思 [M]. 北京：中国社会科学出版社，2010.

[49] 贺来. 辩证法与实践理性 [M]. 北京：中国社会科学出版社，2011.

[50] 贺来. 辩证法的生存论基础：马克思辩证法的当代阐释 [M]. 北京：中国人民大学出版社，2004.

[51] 刘福森. 马克思哲学的历史转向与西方形而上学的终结 [M]. 北京：北京师范大学出版社，2017.

[52] 彭树智. 修正主义的鼻祖——伯恩施坦 [M]. 陕西：陕西人民出版社，1982.

[53] 伯恩施坦. 伯恩施坦读本 [M]. 殷叙彝，译. 北京：中央编译出版社，2008.

[54] 中共中央马克思恩格斯列宁斯大林著作编译局国际共运史研究室. 德国社会民主党关于伯恩施坦问题的争论 [M]. 北京：生活·读书·新知三联书店，1981.

[55] 孙继红. 马克思主义发展史上的论争 [M]. 北京：知识产权出版社，2011.

[56] 贾淑品. 列宁、卢森堡、考茨基与伯恩施坦主义 [M]. 北京：人民出版社，2013.

[57] 沈丹. 伯恩施坦修正主义思想研究 [M]. 北京：中央编译出版社，2014.

[58] 马绍孟. 马克思主义史专题研究 [M]. 北京：中国人民大学出版社，

2017.

［59］高放，高达强. 社会主义思想史：下册［M］. 北京：中国人民大学出版社，1987.

［60］徐崇温. 中国特色社会主义理论体系研究［M］. 重庆：重庆出版社，2011.

［61］EDUARD BERNSTEIN. Cromwell and Communism：Socialism and Democracy in the Great English Revolution［M］. Piladelphia Coronet Books，2000.

［62］EDUARD BERNSTEIN. My Years of Exile：Reminiscences of a Socialist（hardcover）［M］. State of Tennessee：Greenwood Publishing Group，1986.

［63］GAY PETER. The Dilemma of Democratic Socialism：Eduard Bernstein's Challenge to Marx［M］. New York：Columbia University Press，1952.

2. 期刊中析出的文献

［1］高清海. "解放思想"与世界观的转变——谈发挥邓小平理论的哲学精神［J］. 吉林大学社会科学学报，1999（1）：34-39；95.

［2］孙正聿. 辩证法：黑格尔、马克思与后形而上学［J］. 中国社会科学，2008（3）：28-39；204.

［3］孙正聿. 恩格斯的"理论思维"的辩证法［J］. 哲学研究，2012（11）：3-10；128.

［4］孙正聿，王海锋. 用理论照亮现实：马克思主义哲学中国化的百年回顾与展望［J］. 社会科学战线，2021（1）：1-11.

［5］孙利天. 马克思的唯物主义历史观对黑格尔辩证法的颠倒［J］. 马克思主义与现实，2008（4）：15-20.

［6］孙利天，王丹. 社会历史的辩证法——辩证法的高阶问题与当代处理［J］. 社会科学战线，2017（1）：1-6.

［7］韩志伟，郝继松. 人的历史性存在何以可能——基于马克思共产主义学说的思考［J］. 教学与研究，2012（7）：42-47.

［8］韩志伟，吴鹏.论黑格尔劳动辩证法的历史形态与逻辑展开——兼论马克思的批判与超越［J］.学术研究，2017（8）：10-17.

［9］韩志伟，马淑琴.论马克思的"现实"概念［J］.理论探讨，2021（1）：54-60.

［10］殷叙彝.西方的伯恩施坦研究述评［J］.国际共运史研究资料，1982（3）：1-29.

［11］殷叙彝.社会民主主义国家理论溯源——从拉萨尔到伯恩施坦［J］.马克思主义与现实，2010（3）：148-160.

［12］殷叙彝.伯恩施坦的生平和思想发展过程［J］.当代世界社会主义问题，2005（1）：3-22.

［13］黎澍.发扬马克思的伟大独创精神，坚决反对修正主义——纪念马克思诞生一百四十周年［J］.哲学研究，1958（3）：60-62.

［14］齐振海，徐鸿武.略论修正主义的两种形式［J］.社会科学战线，1980（3）：21-25.

［15］李本先.发展马克思主义同修正主义的区别［J］.华中师院学报（哲学社会科学版），1978（4）：13-18.

［16］贾淑品.批判与发展：列宁关于资本主义未来发展的深入思考［J］.理论与评论，2020（1）：41-50.

［17］宋才发.论列宁在革命低潮时期的理论贡献［J］.社会主义研究，1987（2）：4；35-40.

［18］顾海良.注重理论、历史与现实相结合的方法［J］.理论视野，2006（3）：10-12.

［19］朱旭红.修正还是背离——从与伯恩施坦主义的比较来看当代"第三条道路"的特征危机［J］.浙江社会科学，2006（2）：9-15.

［20］陈学明，朱南松.评伯恩施坦修正主义路线的形成及其教训——对伯恩施坦在恩格斯逝世后发表在〈新时代〉上的几篇文章的探讨［J］.马克思主义与现实，2007（5）：23-33.

［21］徐崇温.列宁与伯恩施坦：到底是谁修正了马克思主义？［J］.毛泽东

邓小平理论研究，2007（7）：13-19；84.

[22] 徐觉哉. 对伯恩施坦主义的重新解读[J]. 社会科学，2008（10）：4-14；188.

[23] 梁树发. 马克思主义发展研究与中国特色社会主义理论体系定位——纪念马克思诞辰190周年[J]. 当代世界与社会主义，2008（3）：25-30.

[24] 祁海军. 西方马克思主义及修正主义对待晚年恩格斯的两种态度[J]. 理论界，2008（9）：89-90.

[25] 曼弗雷德·斯德戈，王时中. 恩格斯与德国修正主义的起源：另一种视角[J]. 马克思主义与现实，2012（6）：71-76.

[26] 张茂林. 试析伯恩施坦的"新唯物主义"[J]. 改革与开放，2010（18）：46.

[27] 舒新. 浅析列宁对伯恩施坦主义的批判——兼论中国共产党认知社会民主党及民主社会主义的缘起[J]. 理论月刊，2010（2）：25-27.

[28] 吴雄丞. 什么是马克思主义、怎样对待马克思主义？——《列宁专题文集·论马克思主义》研读笔记[J]. 高校理论战线，2010（4）：9-17.

[29] 李达理. 对伯恩施坦社会主义思想的新审视[J]. 河南社会科学，2010（2）：123-125.

[30] 张世鹏. 如何评价伯恩施坦修正主义[J]. 红旗文稿，2010（18）：1；17-21.

[31] 张世鹏. 关于伯恩施坦修正主义研究的几个问题[J]. 当代世界社会主义问题，2010（3）：3-29.

[32] 沈丹. 一战前伯恩施坦殖民主义思想述评[J]. 当代世界与社会主义，2011（1）：176-179.

[33] 张欣然. 第二国际社会主义路径论争及其现实意义——兼论卢森堡对伯恩施坦的批判[J]. 湖北社会科学，2020（2）：18-24.

[34] 朱旭红，田明孝. 论伯恩施坦社会主义改良思想观及其历史影响[J].

社会科学，2012（3）：4-12.

[35] 贾淑品，李后梅. 论列宁对伯恩施坦政党观的批判[J]. 理论探讨，2012（3）：37-40.

[36] 张帆. 列宁的马克思主义观的三个层次[J]. 求实，2012（1）：11-14.

[37] 徐军. 第二国际理论家在历史唯物主义理解史中的总体定位[J]. 学习与探索，2012（12）：7-11.

[38] 白文杰，刘同舫. 西方马克思主义辩证法的理论特色及其局限[J]. 华南师范大学学报（社会科学版），2014（6）：33-38；161.

[39] 沈丹. 伯恩施坦的功与过——对伯恩施的总体评价[J]. 理论界，2014（5）：98-101.

[40] 高雅. 对伯恩施坦修正主义的重新解读[J]. 学理论，2015（15）：31-32.

[41] 陈爱萍. 论伯恩施坦对马克思主义的重构及其启示——从理论与实践双重维度的考察[J]. 社会科学战线，2015（7）：26-31.

[42] 张新. 恩格斯晚年策略思想再研究[J]. 当代世界与社会主义，2015（5）：11-16.

[43] 何萍. 当代第二国际马克思主义研究的思想史语境及其建构[J]. 学术月刊，2016（5）：34-45.

[44] 曾瑞明，马可. 第二国际的理论冲突与实践困惑探源[J]. 教学与研究，2016（6）：71-77.

[45] 张茂林. 批判与借鉴：伯恩施坦主义历史意义之辨[J]. 兰州大学学报（社会科学版），2016（3）：137-142.

[46] 贺敬垒. 伯恩施坦改良主义理论路径批判[J]. 马克思主义理论学科研究，2016（2）：80-93.

[47] 聂大富. "适应论"与"崩溃论"之争——伯恩施坦与卢森堡关于资本主义信用的争论研究[J]. 当代世界社会主义问题，2016（4）：24-32.

[48] 蒋红. 问题与反诘：马克思是乌托邦主义者吗[J]. 思想理论教育，

2018（5）：24-29.

[49] 沈湘平，孟子嫄. 如何理解马克思所说"我不是马克思主义者"[J]. 马克思主义与现实，2018（2）：49-55.

[50] 贺敬垒. 罗莎·卢森堡对伯恩施坦主义的批判及当代价值[J]. 理论月刊，2018（8）：24-29.

[51] 刘雅琪，钟明华. 爱德华·伯恩施坦研究70年学术史梳理与述评[J]. 科学社会主义，2019（12）：144-150.

[52] 田曦. 正确理解马克思经济危机理论的三大特性——以伯恩施坦对马克思经济危机理论的误读与曲解为例[J]. 社会科学家，2019（10）：54-59.

[53] 孙夺. 从列宁党建理论看马克思主义政治学经典的现代价值[J]. 毛泽东邓小平理论研究，2020（4）：55-67；108.

[54] 王时中. 从"科学的社会主义"到"批判的社会主义"——重思伯恩施坦"修正"马克思主义的康德坐标[J]. 现代哲学，2019（5）：9-16.

[55] 张晓兰. "政治首要性"与脱离生产的阶级分析——对伯恩施坦问题的当代批判[J]. 辽宁师范大学学报（社会科学版），2019（2）：18-22.

[56] 贾淑品，阳银银. 论伯恩施坦对共产主义的误解与背离[J]. 福建论坛（人文社会科学版），2019（2）：94-99.

[57] 蒋红，卢俊岚. 恩格斯民主社会主义批判的双重维度及现实意蕴[J] 思想理论教育，2020（11）：25-30.

[58] 王冬梅，李平. 科学的社会主义与"疑问的社会主义"——考茨基对伯恩施坦社会主义观的批判[J]. 学理论，2020（9）：36-37.

[59] 胡传明，戴文颖. 从党的政治建设视角论伯恩施坦民主社会主义思想的危害——兼论伯恩施坦民主社会主义思潮对苏共亡党的影响[J]. 井冈山大学学报（社会科学版），2020，41（4）：62-68.

致　　谢

　　此书是在我的博士论文的基础上修改而成的，这既是对学生时代旧旅途的一个缅怀，又是对人生发展新征程的一个启迪。致谢词是博士毕业时反思总结，有感而发，情之所至，深刻记忆了自己坚守梦想，永不放弃的青春岁月。因此，这里未做修改，以此纪念这段求学之旅的峥嵘岁月。

　　时光荏苒，岁月如梭，近5年的博士生活转瞬即逝。忆往昔，心中怀揣梦想，开启"博士之旅"的按钮。感恩导师韩志伟教授的长期支持和鼓励，并给予我踏上这段旅程的机会。任何人的成长莫不是披荆斩棘的过程，坎坷人生路上即便是血痕累累，它也是人生成长旅程的见证。永不言弃！从旅途之初的惊喜和恐慌，到旅途之中的彷徨和迷茫，再到旅途之尾的沉寂和反思，这段"博士之旅"的分享，既是对自己的总结与反思，又是对自己的鞭策和勉励。

　　旅途之初的惊喜和恐慌。作为一名普通的学生，按部就班地完成了从小学到大学的学业。而心中总有一个声音在呼唤——你可以做得更好！因此，当我硕士毕业参加工作10年，并且完成了结婚生子大任后，便开启了考博征程。幸运的是我能够与导师韩志伟教授学习，成为"韩门"大家庭的一员。长期的努力有了初步的收获，我的内心充满喜悦。与此同时，我也充满恐惧和担忧，恐惧已有知识无法冲破荆棘，担忧已有的思维禁锢难以打破。因此，短暂的喜悦过后，迅速调整自我去迎接旅程中即将面临的各种挑战。

　　旅途之中的彷徨和迷茫。走入梦寐以求的吉林大学哲学社会学院，这所充满哲学底蕴，汇聚哲学大家的学术殿堂，从刘丹岩先生到高清海、邹化政先生再到孙正聿、孙利天、贺来等诸位先生，他们的哲思精神和治学理念让我更加真切感受到哲学的魅力，能够如此近距聆听和学习，实乃幸事。尤其是在我的导师韩志伟教授全程精心和耐心指导下，使我对原有的思想架构有了重新认识。与此同时，相形见绌，在思想理论和思维方式构建中，已有的思维习惯和认知水平成为前进中巨大的阻力，这使我陷入了彷徨和迷茫，甚至一度迷失方向。在导师韩志伟教授的引领和启迪下，逐步让我明确问题实质，尤其是深深体会到增强自我系统性认知和反思性思维能力的重要性和紧迫性。

旅途之尾的沉寂和反思。"不积跬步，无以至千里"，任何理论认知和实践探索唯有脚踏实地坚定走好每一步，才能实现追逐目标的"水到渠成"。无数昼夜的辗转反侧，无数次内心的追问，无数次的请教，在饱经汗水和泪水后，10余万字的论文得以呈现，这意味着离别的车站也即将到达，新的旅程即将开启。内心越发沉寂，独自坐在图书馆的学习间，回首过往，不禁泪满襟。此时，我也倍感幸福，能够安守我心，心无旁骛地进行思考和总结，这种情景恐怕日后难再寻。反思本论文的写作过程，其中既包含了理论的思考与概括，又凸显了问题与局限。在漫长的人生旅途中必须始终坚守，决不轻言放弃！始终保持问题意识，发现问题实质并积极尝试探求解决问题的方法和路径，在提出问题、分析问题和解决问题的过程中，不断提升自我的思维能力和认知水平。

人生旅途，我们与无数人擦肩而过，而有些人则成为我们终生难忘和感激感恩之人。我的导师韩志伟教授、师门的兄弟姐妹，我的亲人和朋友，他（她）们始终在学习、生活和工作中勉励、支持和帮助着我，成为支撑我走完"博士之旅"全程的动力源。感谢我的导师韩志伟教授！有幸与韩志伟老师进行学习，这是我今生无悔的选择。他在我看来是那种外表严厉内心充满慈父般关怀的人，他爱生如子、诲人不倦，为其倾心付出。从本论文的选题到本论文的撰写与修改，都是在老师的全程指导下进行的，在此衷心感谢老师的辛苦付出。同时，也特别感谢我的师母倪娜教授，她能够在我遇到苦恼的时候给予我安慰和鼓励。在她朴实无华的外表下充满着大爱，她总是让人倍感亲切。所以，能够与韩志伟老师学习，能够与师母倪娜老师相遇是我今生最大的幸事。感谢我年迈的父母马世库先生、赵德珍女士！古稀之年仍旧为我操持家务，为了我的进步他们甘心付出，无怨无悔。感谢我的爱人李争一先生！步入不惑之年的你，自始至终给予我最大的支持，伴我在黑夜中前行。感谢我的儿子李天祚小朋友！从总角到舞勺，你已经成长为独立的小伙子并能帮助妈妈分忧解愁，让妈妈安心读书，与你共同进步。感谢同门的兄弟姐妹！感谢师弟韩怀珠、陈俊昆、陈洁彤，师妹宋孟琦对论文修改提出的宝贵意见和建议！感谢师弟张剑、张子安、柳博予，师妹鲁宇滴、丁一、刘悦对本论文的校对！感谢师妹张翘楚在外文翻译上的帮助！感谢我的同事和朋友在我读博期间给予的帮助和鼓励。太多的感恩、感谢和感动，我会铭记在心。

"路漫漫其修远兮，吾将上下而求索"，我愿在"爱智"旅途中一往无前，继续奋斗！

马淑琴

2021年3月于吉大图书馆